阅读与品格

Yuedu Yu Pinge

冯馨 著

文汇出版社

图书在版编目(CIP)数据

阅读与品格/冯馨著.—上海：文汇出版社，
2022.7（2024.1重印）
ISBN 978 - 7 - 5496 - 3804 - 8

Ⅰ.①阅… Ⅱ.①冯… Ⅲ.①阅读课—教学研究—小
学②品德教育—教学研究—小学 Ⅳ.①G623.232
②G621.6

中国版本图书馆 CIP 数据核字（2022）第 106038 号

阅读与品格

作 者/ 冯 馨

策划编辑/ 张 涛

责任编辑/ 汪 黎

封面装帧/ 梁业礼

出版发行/ 文匯出版社

上海市威海路 755 号 （邮政编码：200041）

经 销/ 全国新华书店

排 版/ 南京展望文化发展有限公司

印刷装订/ 永清县晔盛亚胶印有限公司

版 次/ 2022 年 7 月第 1 版

印 次/ 2024 年 1 月第 2 次印刷

开 本/ 640×960 1/16

字 数/ 130 千字

印 张/ 10.75

ISBN 978 - 7 - 5496 - 3804 - 8

定 价/ 50.00 元

序

认识冯馨老师已近 20 年了，我能深切地感受到她对语文教学的热爱。从十多年前参加上海市中青年教师教学评比获奖，到现在作为首批上海市民办中小学中青年优秀教师团队的领衔人，她在思考与践行中不断成长。在上海市民办童园实验小学"读书明理"办学理念的引领下，在学校浓郁的书香氛围中，作为分管语文学科的教导主任，她带领着学校的语文教师团队依托市级项目——"在提升小学生阅读能力中开展品格培养的实践研究"，进行了一系列的探索。

本书呈现的是她和她的团队在这一项目研究中的所思所悟。基于童园实验小学长期以来在儿童阅读研究中积累的经验，相关研究紧紧抓住小学阶段（6~12 岁）的儿童在心理上主要的三种需求：感受到被接纳、被理解的需求，探索世界的需求，进一步接受真善美价值观念的需求。从阅读入手，引导学生去感知世界、了解社会、辨别是非、获取向上的能量。书中内容着眼于学生阅读能力的提升与品格的形成，尝试厘清阅读与品格之间的内在关系，厘清阅读空间、阅读养成、阅读分众等要素对小学生品格养成的作用与影响。期望小学生在养成服务终身的良好阅读习惯、获得阅读策略的同时，也能将从阅读中产生的价值认同与时代所寄予的价值观高度重合，并努力在生活和学习中得以践行。这在我看来是一件非常不容易的事情，是一件了不起的事情。

"青少年要厚植红色基因、拓展全球视野、培养创新思维，努力成为能肩负起民族复兴大任的时代新人。"语文教学不仅要教会孩子们识字、写字、阅读、作文，更要借助一篇篇文章、一本本经典教会孩子们如何做人，如何做一个对自己、对家庭、对社会、对国家有用的人，为孩子们打好人生的底色。在这一点上，我相信这本书一定会给大家带去一些启发与思考。

上海市教委教研室　特级教师

2022 年 3 月

目　录

B　品　格　篇

C 阅读与品格篇

阅读篇

浏览自然的方式就是阅读
打开世界的方式就是阅读
认识社会的方式就是阅读

阅读,与人的一生相随

一、什么是阅读

阅读,是万千世界的打开方式,也是人间对话的美妙咖啡,更是人的成长的万丈源泉。

阅读,与自然的宽度相等,与社会的履历相称,与人的生命相长。

阅读,犹如阳光的沐浴,雨露的滋润,绿色的润泽。

阅读,是获取知识的渠道,掌握本领的途径,形成素养的阶梯。

阅读,是精神的富有,精气的富态,精力的富足。

阅读,人世间最幸福的事儿,彼此间最惬意的话题,伙伴间最神往的派对。

谁读懂了阅读,也就读懂了人生,读懂了生活,读懂了希望,读懂了追求。

(一)阅读,人的生存方式

阅读,是随人的生命诞生而生发、勃发的。当人呱呱落地的那一刻,阅读就是形影不离的"伙伴",即使是双目失明,也是用其他器官在阅读这个世界。

所以说,阅读,从生命始直至生命终,在生命成长的过程中,时时处处都在发生。

阅读，是人的生存方式，道出了阅读的地位、阅读的作用以及阅读的意义。

美国一位教授曾说过，一个人终其一生是否留下遗憾，要问自己三个问题，一是身后留下点什么没有，二是是否向自己的人生极限挑战了，三是是否具有向权威挑战的精神。

若要解决这三个问题，阅读的过程可以说是一个较为理想的解决之道。从阅读中见出疑问，便能向权威挑战；向权威挑战的过程，也是逼近自己人生极限的过程；在不断的挑战与超越中，身后自然会留下一串深深的脚印……

从某种意义上说，阅读支撑起人的精神世界，是人的生存方式。

1. 阅读的本源

阅读的本体，即为目所视，耳悉声，鼻可闻，舌品味，甚至体可察，就是能看到的一切。这是产生阅读的"物质基础"，一般而言，体格正常健康的人、肌体发育健全的人，都具有天然的阅读本能，只是眼睛的所视与文字的辨别不同罢了。

阅读的客体，则宽泛得多，几乎与整个世界等同，几近无穷的大千自然。包括自然的，诸如自然风景、自然现象、位移动态等；包括各门类的，诸如音乐、美术、建筑等；包括内心世界的，诸如情感、心灵等。反正能尽收眼底、能听闻音色、能体察味道的，都可成为被阅读的对象。这是奠定阅读的"基本素材"，整个自然、整个社会、整个人间，就是阅读的对象。

由阅读本体与阅读客体构成的"对应"，就是整个"阅读世界"，也是产生、基于阅读的本源。

2. 阅读的界定

广义的阅读无所不包，无所不及。

然而，从学术属性角度定义，从内涵范畴着眼界定，作为阅读有着自身相对严谨和规范的说法。

比较常见，且为大多数人所认可的阅读概念，传统的说法，可这样归纳：

阅读，是运用语言、文字、图例等方法，借助呈现载体，来获取信息、认识世界、发展思维并获得有关知识、审美体验的活动。它是从视觉材料中获取信息的过程。视觉材料主要是文字和图片，也包括符号、公式、图表等。

尽管阅读的定义，被学术化了，被圈定了，但在现实中，对阅读的定义，也许各人有各人的答案，这不是一道只有唯一答案的标准题、单选题，而是会融入不同阅读认知、阅读体验、阅读见解的多选题，这正像阅读的丰富性一样。

阅读，是一个嚼不烂的话题。阅读是什么？呼吸？旅行？漂泊？各人有各人的体验。

歌德说："阅读一本好书，就像与一个伟大的朋友交谈。"周国平认为，阅读是享受人类的精神财富。海岩强调，阅读是思想。在格非看来，阅读是自我的确认和发现。

有时候，回眸以往，对于"阅读是什么"仿佛从未停止过对它的讨论。曾记得，2005 年有一个特殊的活动，牵动了读书人的心，那就是贝塔斯曼书友会在北京发起了"阅读是什么"的大型文化互动活动，吸引了京城百姓参与。不少中国知名作家还在现场与公众交流阅读体验。活动现场邀请普通市民和各国游客共同思考一个问题——"阅读是什么"，现场征集并同步展示 1000 个独具个性的回答。文化名人止庵和毕淑敏做客"贝塔斯曼蓝色沙发"现场对话活动，也以"阅读是什么"为主题，各抒己见。

"阅读是最好的习惯""阅读是一种享受""阅读是人生的体验"……有作家认为，阅读的过程就是——"一辈子的人生可以像三辈子一样的丰富。"因为人一辈子的时间就这么多，在这个光阴中你经历的事情是有限的，但是通过阅读，借助这么多优秀作家的眼睛，你有了更丰富的体验。

作家陈丹燕说，阅读会随着时代的变化而变化，每一代人都有自己的选择，我觉得阅读有很大的乐趣，但不知道年轻的小孩是不是知道这样的乐趣。对我来说阅读像一种生活方式，不能说它非常重要，但却是非常享受的事情，应该说是一件奢侈的事情。

因为大家都在思考着阅读究竟是什么，这也让每个人可以静下心来想一想自己对待读书的态度。

中国当代作家张炜，2019 年 10 月在华中科技大学"大师课"上讲课，在这为时一个月的授课中，他依次选取了"童年""动物""荒野""海洋""流浪""地域""恐惧"和"困境"这八个关键词和学生进行交流。有人在读了他的新作《文学：八个关键词》后，便深感在他人生的关键词上，还应该理直气壮地再加上两个字，那就是"阅读"。因为仅在第一讲"童年"中，据粗疏的统计，他所引经典作家多达 50 位、作品 29 部，其他七个关键词的状况也大抵如此。

在"2021 特级教师开课啦"第五讲中，上海市黄浦区教育学院干训部主任、语文特级教师邓彤通过鲜活的案例、精妙的导读以及饶有意趣的赏析，建议青少年要抓住人生阅读的黄金十年。邓彤说，8 至 18 岁是一个人经典阅读的黄金十年。在这个年龄段，如果没有阅读经典，很可能一生就与经典"绝缘"，即便之后再去接触经典，也只是相当于"补课"，效果会大打折扣。因此，牢牢地把握这黄金十年，把最重要的"大石头"装进心灵的瓶子里。

什么是阅读？当代学生给予阅读更宽泛的定义。有位中学生说，阅读就是我们生命中实实在在的一部分，它会影响我们的人生。我在中学时代所感受到的阅读的力量是如此强烈。面对校园生活，对我来说就像在阅读一本书。这本书的作者可以是我身边的人，也可以是我自己，我无法提前看到结局，但是却可以时时回味咀嚼书中的滋味，感受那每一次的心灵撞击。

另一位方同学认为，阅读的范围不仅仅是纸质书籍，可以是一小沓材料，也可以是手机中荧光的文字，甚至是电视里的历史节目，这些都是阅读。阅读的最直接的目的是获取信息，读书是为了获取知识，看报是为了了解新闻。读书人，有书读，有报纸看，就能够做到"秀才不出门，全知天下事"。自从人类有了文字，一代代人的知识和感悟就通过书本流传下来：有了文字和书本，人类的认识能力和开拓创新能够不断叠加，文明和智慧不断延续，让后人能够站在前人的肩膀上，不断完善自身。

北京一位中学生说，曾在网上见到这样一句话，内心很受震撼。那句话大意是这样的，阅读，是门槛最低的高贵。然而在我看来光阅读是不够的，更要从书中有所收获，要在生活中有所体会，哪怕是从中获得了片刻的闲暇和愉悦，这书也不算白读了。这样有收获的阅读，用一个与之谐音的词指代，或可称悦读。如此说来，那句话应改成这样：悦读，是人生中门槛最低的高贵。"悦读"不重在读，而重在品。

一位专业人士直言不讳：阅读是使正在呈现的文字与图画成为有意义事物的一道程序。如果所写的或所印刷的文字没人看，那么这种存在只是一种没有意义的沉默的存在。

3. 阅读的依赖

阅读,作为一种生存方式,有着生存对阅读的需要,有着生命对阅读的期许,有着生活对阅读的渴望。

阅读,作为一种生存方式,如今已是习惯语、大众词,看似没有什么新意,其实蕴含深义,有着对阅读的本质的深刻解读。

阅读,视为一种生存方式,主要缘由为:

——生存因为有了阅读而同时存在。人的生存从严格意义上说,是与阅读"同生死共命运"的。人的一生就是阅读史,尽管有的人不识字,但要在社会上生存必须通过间接的阅读办法,只是阅读方式的变化,但不能脱离阅读。

尽管生命存在可以有生理指标,但若已无法阅读的话,其人生将是黯淡的,甚至会出现阅读的空白。

——阅读给予生存以意义不断延伸的功能。有了阅读,就有了健康生存的条件,就有了幸福成长的现实,更有了品质精神的滋养。阅读,不断得到新知,不断得到升华,不断得到快乐,这样的生存因为有了阅读的激发而生机勃然。

阅读,是人生的最好生存方式,也是发展的最好打开方式,更是成就的最好建筑方式。阅读,对生存的价值建构具有极大的意义。

倘若离开了阅读,人的生存就会出现"断层",人的生命就会陷入"荒芜",人的生活就会落入"枯萎"。

——阅读是一个相对稳定和极有内容及空间的动态过程,对人的生存的安宁、愉悦起着建设性的作用。与阅读相伴,就是与知识相见,就是与新鲜相认,就是与创造相携。这种相伴对人的心境具有极大的安抚作用,与知识相见,每天有新知;与新鲜相认,每天有鲜尝;与创造相携,每天有长进。

人的幸福状态需要安宁安定,阅读就是拧开了快乐的阀门。所以有不少读书人推崇读书,幸福读书是有道理可循的。

(二) 阅读,一种精神呼吸

阅读,作为一种主动、自觉、有期待的行为,从本质上看,是一种精神呼吸,之所以用这种比喻,恰恰证明了这一点:阅读与精神有着千丝万缕的关联。

精神相对于物质,既离不开一定的物质,但又对物质产生影响,这种你中有我、我中有你的结构,决定了精神的价值。

人们更愿意将阅读称为"精神呼吸",基于阅读载体承载着巨大的思想力量、观念能量和意识热量。

无怪乎,有人称:"一个人的精神发育史,就是他的阅读史。"

1.阅读作为精神呼吸的特质

精神呼吸,是由阅读汲取内容而产生的一种精神生态,是由阅读汲取养料而形成的一种精神状态,是由阅读汲取快意而成就的一种精神样态。

阅读作为精神呼吸,或者说能够得上精神呼吸,是因为思想的支柱、思维的支撑、思考的支持,以至于形成一种特别的"呼吸"循环。

思想的"肺腑"——在这种精神呼吸中,思想是主体,可称为思想的"肺腑"。这个"肺腑",凝聚着思想的精华,集中了阅读的精华。

从本质上看,阅读,就是一场"思想的盛宴"。读一本书,就是与思想对话。与思想对话是阅读的最高境界,也是阅读效果的最大峰值。

尽管信息阅读、知识阅读是最基本和最常见的，但信息的知晓需要思想的牵引，知识的串联需要思想的维系，信息的判断、知识的辨别，更离不开思想的"准绳"。

从书中找到一个真理的世界、道理的王国、事理的富矿，从而获得真理而知天下，得到道理而闻天下，掌握事理而行天下，就达到了读书致理的境界和高度。

思想的"肺腑"，让读书人获得思想的本体，包括思想的哲学、观念、理念、概念等，形成阅读精神呼吸的"新鲜空气"，同时，让读书人感受思想的力量，包括思想的能量、定位、引领等，形成阅读精神呼吸的"动力系统"，具有可动、持续、均衡的特质，它还让读书人体味思想的温暖，形成阅读精神呼吸的"热量转换"，具有温情、温馨、温存的体感。

思维的"肺活量"——在这种精神呼吸中，思维是主架，可称为思维的"肺活量"。这个"肺活量"，蕴藏着思维的功力，展现着阅读的功能。

从特点上看，阅读，就是一场"思维的磨砺"。书，是一个精神世界，也是思维的天地。一本好的书，不仅能给人思想，而且能给人获得思想的方法，即思维。思维，对于获得思想、消化思想，具有极大的作用。看书，要看书的思想，也要看书是如何出思想的。

对读书人来说，不但要获得书中的现成思想，以及获得思想的方法，而且需要举一反三，找到提升思想的思维角度、思维梯子。后一种正是阅读所具有的建设性价值。

所谓"开卷有益"，更多地体现在看懂事物，了解来龙去脉，更明白未来的路在何方。

思维的"肺活量"，让读书人看到书的背后，即思维的角度、思维的方法。能从书中洞察思维的读者是智者。

思维的"肺活量"，让读书人从充塞头脑向丰富头脑转型，从信守现有结论向创造新知转化。读书读到这种份上，才真是读了书又不唯书。

思考的"扩张力"——在这种精神呼吸中，思考是主流，可称为思想的"扩张力"。这个"扩张力"，提示着思考的公量，提示着阅读的当量。

从过程上看，阅读，就是一场"思考的旅行"。读书，是一个学习、琢磨、消化、演绎的过程，思考是贯穿阅读全程的旅途，也是思想开放、思维开化的征程。

读书，其义自见。同样，思考，其器自用。用思考的眼光打量书籍，用思考的眼力掂量书籍，用思考的眼界衡量书籍，将使阅读增值。

对读书人而言，思考能接近思想，抵进思维，走进书里又能走出书中；思考能辨别真伪，分清是非；思考能取其精华，化呆板为灵动。

"思考的扩张力"，让读书人从一般的浏览走向专业的阅读，包括思想的提炼、思维的更新；包括方法的提升、方略的权衡；包括知其然更知其所以然，形成思考的"万里长城"。它让读书人从照单全收变为好中选优，注重积累的比较研究，提炼升华的思想，更新思维的层级。

有人说，阅读能够荡涤浮躁的尘埃污秽，过滤出一股沁人心脾的灵新之气，甚至还可以营造出一种超凡脱俗的娴静氛围。如，读陶渊明的《饮酒》诗，体会"结庐在人境，而无车马喧"那种置身闹市却人静如深潭的境界，感悟作者高深、清高背后所具有的定力和毅力；读世界经典名著《巴黎圣母院》，看到如此丑陋的卡西莫多却能够拥有善良美丽的心灵、淳朴真诚的品质、平静从容的气质和不卑不亢的风度，他的内心在时间的见证下折射出耀人的光彩，散发着心灵的高尚与纯洁。

2. 阅读作为精神呼吸的形态

之所以将阅读称为精神呼吸，是因为它不仅具有精神的特质，也具有形象的形态。

　　精神呼吸,定义了阅读的性质,是关乎精神方面的,包括情感、价值观等层面的东西;定向了阅读的趋势,是获得文化等内涵的,包括知识和知识的理解,以及知识产生的生产、技术要素和文化背景。

　　阅读作为精神呼吸的形态,更有其显性的特点。既然是呼吸,那么阅读过程肯定是有"进"有"出"的、一"上"一"下"的、左"起"右"伏"的,这种形态正和盘托出了读书人此时的境界和神韵。

　　阅读是一种"循环",是基于交流的"呼吸"。作为一种精神呼吸,必然带有自身的特点。

　　阅读是"双向"的——阅读与被阅读之间,正是一对互为联系的主体,这正像呼吸一样,有呼有吸。读书,从表面上看,是静态的,似乎是个人行为,但从全程看,读书是一种双向交流的方式,只不过书充当了媒介而隐去了主讲人的角色。捧着一本书阅读,其实是在与作者进行一场无声的交流。交流的程度与作者的作品有关,也与读者的体验有关。

　　这也从另外一个方面证明了阅读者要把自身放进去,书是一头,你是那一头。顿悟,是喜欢;体悟,是灵动;感悟,是动情;觉悟,是价值。

　　精神呼吸,要在"双向"中完成。

　　阅读是"起伏"的——好的阅读是会被作者带入情境、心灵的,也会由于自身的阅读力而产生特别的感觉。所谓读到深处,无外乎起伏得可以。

　　起,是一种姿态,表示由书而起,触及了某个点,可以是人物,也可以是事件,可以是情节,也可以是局面,就是触到了与作者共鸣的点。起,是由头,是线索。

　　伏,是一种沉思,可以是对书中人物命运的关切,也可以是对书中人物未来的猜想;可以是对书中叙述的掂量,也可以是对书中结论的审视。伏,是展开,是积淀。

读书的波澜起伏,思想因为有了呼吸而头脑清晰,思维因为有了呼吸而脉清廓明,思考因为有了呼吸而左右逢源。

精神呼吸就在阅读的起伏中成为"过程式"或"完成式"。

阅读是"进出"的——读书是一种汲取,进入书里,沉浸书中,回味书后,都是一种"进":长知识,拓见识,积学识,这种"进",既是读书的理想状态,也是读书的进阶作为。读书,只有先"进",然后才会有另外一种"进",进入自己的头脑、自己的知识库、自己的学术袋。

"出"就是转化,就是要把读进去的东西转化成自己的东西,通俗地说是运用。运用,是在理解领会基础上的发展,读书读到这个份上,才不枉费。学以致用,永远是阅读的一条经典的法则。

阅读,只有在"进""出"平衡中,才能让精神呼吸顺畅而体面。

3. 阅读作为精神呼吸的演绎

阅读,是深刻而又广泛的精神活动,能激起冲动、兴奋、荡漾等多种感觉,不仅取决于阅读者本身,还取决于阅读内容,更取决于书与阅读者之间产生的共鸣、共频和共振。

阅读的过程,本身就是一种精神滋养的洗礼。端坐、斜躺、上仰,无论是什么姿势,通过大脑和视觉神经去感受,就像呼吸一样平和。只要是展开了书的一角,阅读就打开了呼吸的通道,开始了精神运动的节奏和节律,随着眼神的扫描,精神呼吸就会变得流畅而平缓。

阅读的对象,是精神呼吸的重要来源。书,是一个大千世界,视觉所见,是一个缤纷世界,两个世界重叠,为精神呼吸提供了最好的养料。

阅读的享受,不仅在于知识的获得、见识的深化、眼界的打开,而且在于精神的振奋、支撑与演绎。

阅读的余音与回响，是精神融入全身后的一种满足与激奋。怪不得有人说：阅读后的清醒，犹如一种新鲜的空气，让人神清气爽；阅读后的感奋，犹如一种强大的动能，让人干劲十足；阅读后的自觉，犹如一种沁人的甘泉，让人信心倍增。这就是阅读作为精神呼吸所带来的正能量。

教育家朱永新先生最近在人民文学出版社出版了一本主谈阅读、兼谈教育的新书，书名是《每朵乌云背后都有阳光》。在他看来，关键在于如何让阅读的"阳光"穿透精神的"乌云"，让阅读者体会到阅读所带来的"天高云淡、清澈透亮"的快乐。

《尚书·洪范》："一曰水，二曰火，三曰木，四曰金，五曰土。"中国古代哲学家用"金、木、水、火、土"五行理论，来说明世界万物的形成及其相互关系。作者那秋生曾撰文，把它应用于读书之中，就形成了一种"五行阅读观"：书是金，一个人保持读书的习惯最为金贵，需要执着的追求，永不放弃的信念；书是木，人生的成长依靠阅读，不只在于对外部世界的改造，更在于根植心灵世界的完善；书是水，阅读既有张弓搭箭的穿透力，更是靠水滴石穿的柔性力；书是火，如果人生是一场夜行，那么阅读便是手中的火把或头顶的星空；书是土，阅读让我们的心灵回归厚朴，这是读者对于心灵故土的深情守望。这样的见解，给人以许多启发。

（三）当今阅读的繁衍

阅读的对象，从某种意义上说，就是整个世界，包括自然、社会、人间。

世界是平面的，阅读就是平面的；世界是立体的，阅读就是立体的；世界是全息化的，阅读就是全息化的；世界是永恒的，阅读也就是永恒的。

组成世界的是物质及在物质基础上衍生的精神,组成阅读的就是物质的世界和精神的世界。

当今阅读,正处在一个火爆的年代、一个广博内容与现代技术并驾齐驱的年代,游走的世界就是阅读的世界。

尤其是由于科学的昌明和技术的发达,阅读的传播载体和受众有了革命性的改变。无论是阅读的内容,还是阅读的方式,都显得浩瀚无比、便利无比,这种内容的叠加、技术的加持,使当今的阅读成为社会的基本运行方式,人与自然、社会的亲密接触方式,人与自身对话、对弈的内在发展方式。

自 2014 年起,"全民阅读"连续八次被写入政府工作报告。2021年政府工作报告指出,要推进城乡公共文化服务体系一体建设,创新实施文化惠民工程,倡导全民阅读。

阅读的繁荣,让整个世界更为丰富,变得更为精彩、精致和精粹。

1. 阅读是"立体"的

稍年长的成年人都记得,小时候读书时,常常在放学后就迫不及待地泡到学校图书馆里,一本接着一本读,有时还会因为图书馆的即将关门而沮丧失落。这样的情景,也许在现在较为少见,因为阅读的载体多元了。

尽管阅读可以说是"无障碍"的,只要视觉所见,即为阅读。但严格意义上的阅读,还是有一定规范和视阈的,于是就有专门用来阅读的图书馆。

——阅读是立体的,图书馆可以说是一个"点"。

图书馆,是我们走进阅读的最近的地方,也是开始传统意义上的阅读的圣地,这是因为图书馆蕴藏了浩如烟海的知识——人类文明、文明的结晶，书及音像制品，成为图书馆的"本体"。

在阅读的时候，人们马上想到图书馆是很自然的事。尤其是当每年 4 月 23 日"世界读书日"来临时，人们将目光投向无数的公共图书馆，是顺理成章的选择。

城市，就是为阅读而存在的，阅读就是如此方便。如今，走进你身边的图书馆，不再是一件费力费神的活儿。

弘扬阅读精神，留住阅读脚步，不设阅读门槛，承担全民阅读推广枢纽功能的公共图书馆，正作为一座城市的文化内涵和精神高度而日新月异。

以上海为例，上海公共图书馆进入了高速发展期。据悉，目前全市已建成公共图书馆 243 家，遍布市区各个角落。这些星罗棋布的图书馆，或以独特博大的藏书量见长，或以特色文化服务见称，或以创新阅读推广闻名，形成了一个市、区、社区三级层层辐射的公共图书馆网络。

这里有：

浦东图书馆——文化公园旁的魔力"大书柜"，那简约纯净、棱角分明的长方体建筑，就像一个巨型的大书柜，被这片浓枝密叶编织成的绿色植被高高地托起，在温暖的阳光下，透出素雅而沉稳的气质。馆内设计的"全开放""大空间""无间隔"理念，集中体现在位于三层和四层的普通文献借阅区。五楼的专题阅览室除了金融、航运、城市治理、教育信息服务、生活时尚、艺术、浦东文献等十个专题文献区外，还有专业馆员提供信息检索咨询、政府决策参考、竞争情报分析、剪报定制等专业服务。

在这"大书柜"里，令人欣喜的不仅仅是舒适的环境和沁人的书香，还有形形色色、各具特色、深受读者欢迎的文化活动。各个年龄、各个层面的读者都能在这个充满活力、跃动着时代人文精神的家园里，寻找到自己所需的精神食粮。

青浦区图书馆——始建于 1959 年 12 月，经历过两次搬迁，2007 年 7 月迁入夏阳湖上的浦阳阁，8 月 28 日新馆正式开馆。在开放式的楼顶花园与夏阳湖水景、环湖园林的交相映衬下，浦阳阁这座"水上图书馆"成了上海地区最具特色、环境最优雅的图书馆，让读者在体验阅读的乐趣之余再添一份精神上的享受。

徐汇区图书馆——追溯东西方融合的历史。位于上海中心城区西南部的徐家汇，是近代史上西方文化输入中国的一个重要窗口，中外多元文化曾在这里交汇、碰撞、融合，使之成为闻名遐迩的海派文化发源地之一。远东第一大教堂徐家汇天主堂、上海现存最早的近代图书馆徐家汇藏书楼、中国最早按西洋办学模式设立的学校徐汇公学等，至今仍在这里散发着浓郁的人文气息。

图书馆最具特色的馆藏就在徐汇历史风貌主题馆内，它是了解徐汇区历史文化精髓的一个窗口。馆内除汇集了《申报》《良友》等镌刻着老上海记忆的百年老刊，和《梧桐树下的老房子》《历史上的徐家汇》等追溯徐家汇历史的专业研究文献之外，最令人叹为观止的是那一栋栋精致的优秀历史建筑模型。

值得一提的是，拥有悠久历史的上海少年儿童图书馆迎来了"盛装"：2020 年 4 月 2 日，10 时 38 分，随着最后一根钢梁吊装到位，坐落于苏州河长风滨河绿地的上海少年儿童图书馆新馆经过一年多工程建设，实现主体钢结构封顶，为 2021 年建成开放奠定了基础。

上海少年儿童图书馆新馆总建筑面积近 1.6 万平方米，选址上海"十三五"文化改革发展规划所提出的"两轴一廊"城市文化空间发展格局的优势位置，北邻长风公园，南接苏州河绿地，周边少儿公共设施丰富。

　　少儿图书馆新馆建筑设计灵感来自莫奈的传世名作《桥》，通过底层起拱，贯通南北两座公园的景观，巧妙融合文化建筑与公园绿地两大元素，从高空俯瞰仿佛母亲拥抱儿童。新馆外立面玲珑通透，南北面采用规整的玻璃幕墙，东西面石墙与玻璃幕墙结合，能充分利用自然采光。新馆建筑矗立在南北两个公园之间，南侧和北侧的风景是相当好的，难得有这样一个建筑能在南北两侧同时得到如此美轮美奂的风景，让室内的小朋友在阅读的同时可以拥抱河流、拥抱自然、拥抱阳光。新馆将以"大地走向天空"的模式，串联起每个年龄段的阅读空间，成为吸引更多小朋友参与进来和引领阅读的场所，所以采用"大空间""全开放"的形式，回应未来少儿图书馆趋势。图书馆内部分布着大小不同、高低起伏的圆形书架，结合通高中庭与螺旋楼梯，形成了一个阅读的"森林"。沿着阶梯拾级而上，整个过程犹如从大地走向天空一般，朝着知识的殿堂步步迈进。新馆的每层楼服务不同的年龄阶层，这些相对独立的空间功能布局非常清晰，采用分层阅读的方式来创造不同年龄段的空间，将二、三、四层分别分配给幼儿、小学和中学年龄段的孩子们。在层与层的空间里运用各异的楼梯来过渡，是希望让孩子们在读书中，自然地上到每一个楼面直至屋顶，犹如一种成长的过程。这也正是"巴别图书馆"给人以愉悦和幸福的通往知识阶梯的理念。

　　位于南京西路的现有馆舍将继续保留，在服务上与新馆进行细分。新馆定位为服务少年儿童的信息资源中心、知识体验中心、阅读推广中心、文化传承与交流中心及发展研究指导中心，主要面向4～16岁的少儿提供图书借阅、知识体验、展览展示、培训教育、文化传承与交流等服务，形成示范性的标准化少儿图书馆服务体系；现有馆舍则将承担0～3岁低幼读者服务、特色馆藏保护、特殊群体服务、少儿阅读发展研究与指导等功能。

新馆信息化工程与新馆实体建设同步,将大力提升数字化服务能力,在线上打造一座没有边界的少儿数字图书馆,把图书馆内丰富的多媒体资源和阅读推广活动现场,推送到小朋友身边;新馆现场则将通过各类增强互动设备提供多维感官的新阅读体验。届时,市少儿馆珍藏半个多世纪的特色馆藏——1922 年创刊的《小朋友》周刊、1936—1937年出版的《小朋友文库》、1933—1937 年出版的《小学生文库》等将在特藏馆知识驿站中以全新面貌与新时代的小读者深度接触。小读者们在上海少年儿童图书馆的阅读记录将通过阅读积分、现场打卡等形式被记录下来,成为一份永久保存的童年档案。

有人说,在图书馆里,老年人"消闲",中年人"读书",青年人"充电",少年人"学习",这就是真实的读书生活。

图书馆,越来越成为阅读人的"打卡地"。

在国外,图书馆也是备受青睐的。英国,作为一个拥有众多文学大家的国度,这里全民学习的氛围很浓厚,看看地铁上就算站着也要捧着本书的英国人就可见一斑。说到文化氛围,就不得不提英国的图书馆了,有的风格古典,藏书量令人咂舌;有的设计前卫,文化和建筑之美交融在一起。比如,大英图书馆是世界上最大的学术图书馆之一,其建筑本身也是英国 20 世纪最大的公共建筑,是英国为数不多的 Grade I Listed Building。它的图书馆藏也只能用"海量"来形容。根据英国的法规,只要是在英国出版的书籍,都必须送一本复本给大英图书馆用作收藏。这里收藏的很多名贵书籍都会经常展出,比如莎士比亚的原本手稿、《金刚经》的早期印刷版、现存的唯一一部《贝奥武夫》原始手稿等等。虽然不能外借,但是来这里的 Reading Room 感受下也是不错的。

——阅读是立体的,建筑成为阅读的"面"。

　　城市、乡村的建筑,不仅以历史风貌而存在,也以各种特色而被人阅读。

　　如果说,书是以页面展开阅读的,建筑则是以结构映入人们视野的。建筑可阅读,正成为阅读的"主立面"。

　　上海的苏州河闻名遐迩,过去是以"黑、脏、臭"而令人厌弃,如今则以一种新型的城市地标而令人叹服。

　　2021年,上海积极推进苏州河上22座桥梁的景观提升改造工程。在充分考虑历史文化底蕴和结合周边环境的基础上,突出"精、雅、简"的总体设计目标,使苏州河两岸真正成为具有历史文化魅力的高品质滨水公共空间。

　　随着苏州河两岸步道贯通开放,沿河景观品质明显改善,已逐渐成为休闲、健身、娱乐的"网红打卡地"和市民休闲好去处。

　　在黄浦区,苏州河沿岸"最美花园"位于外白渡桥、划船俱乐部以及外滩源建筑之间。花园植物配置,上木以枫香、日本红枫等为主,营造秋季霜叶流丹的景象;下木则种植多年生宿根花卉。游园小径采用碰步形式,并铭刻海派名作家的诗句,人们漫步休憩其间,仿若走进了老上海浪漫的诗意世界。

　　在虹口区,北苏州路滨河空间贯通提升工程因地制宜打造了"一岸四段"和谐美景,使这块区域成为"最上海、最舒适、最活力"的共享街道、河畔客厅,让市民游客可以"走过来、坐下来、美起来",成为最能体现"建筑可阅读、街道可漫步、城市有温度"的滨水游憩景观步道,营造出高品质人文生活氛围。

　　在静安区,西起远景路、东至河南北路,以"阅读静安·诗话苏河"为设计理念,1.6公里全线重点打造水岸阳台、河畔明珠、历史画廊等多处滨水公共空间,相继呈现上海总商会、四行仓库、福新面粉厂、蝴蝶湾四大节点。

建筑可阅读，正成为阅读人的幸运邂逅。武康大楼等一批老建筑，越来越成为新时代"行走阅读"的"大书"。

历史文化风貌区和优秀历史建筑承载着城市记忆、传承着城市文脉，是极为珍贵的历史文化资源，是城市软实力的重要组成部分。

总面积达 7.66 平方公里的衡山路复兴路历史文化风貌区是上海中心城区面积最大、建筑类型最为丰富的风貌保护区，这里共有 64 条"永不拓宽的马路"。经过近些年的持续探索，"建筑可阅读"在衡复历史文化风貌区基本实现了全覆盖。以徐汇区为例，衡复风貌区所辖 4.3 平方公里内，优秀历史建筑和文物保护单位共近 520 处。

不少纪念场馆和名人故居渐次向公众开放。比如巴金故居、柯灵故居、张乐平故居、夏衍故居、草婴书房，以及 2021 年新开放的百代小楼等。

阅读一座建筑、阅读一段城市建筑发展史，就是在阅读这座城市。历史建筑承载历史记忆，彰显城市底蕴。

早在 2019 年，上海启动"建筑可阅读"，对外开放的历史建筑从近百处增至 1039 处，2458 处老建筑设置了二维码，方便市民游客更快捷地了解其前世今生……在此基础上，申城 2021 年推出了"建筑可阅读"3.0 版，采用年轻人喜闻乐见的方式，广泛动员社会力量参与，让更多人享受到"人民城市"发展成果。

——阅读是立体的，动静的自然是"链"。

越来越多的领域被列入"可阅读"的对象。上海大剧院在围绕穿衣、吃饭、娱乐、教育等方面拓展出的"沉浸式艺术体验"让人眼前一亮。从经典的艺术绘本故事出发，融合音乐、合唱、舞蹈、戏剧等艺术形式，开展亲子阅读、亲子戏剧和音乐游戏三大工作坊。生动有趣的亲子互动和艺术体验,让家长和孩子遨游艺术海洋。这也令受身高限制的低龄儿童,拥有更多机会走进剧场,获得艺术启蒙的机会。

如果剧场可以阅读,你会读到什么? 上海儿童艺术剧场联合中福会发展研究中心打造的"如果剧场可阅读"少儿艺术阅读计划中,父母与孩子一起看一场戏、挑一本书、听一场阅读分享会,在剧场大厅一秒"穿越"到绘本中。当阅读从平面纸质文本,走向立体沉浸式体验,孩子们惊喜地发现,绘本原来可以如此"阅"趣无穷。

书店,成为立体阅读的新天地。近年来,上海开业的新型实体书店注重阅读空间的营造,场景化设计,差异化经营,引入咖啡成为一种潮流。咖啡成了阅读的催化剂,使阅读更加立体、书店更加温馨。那么,带着这本书,游历上海,选一家书店,走进去,抵达另一个自己。

有的书店营造出传统园林气氛,借花草把不起眼的角落布置成微型景观,并将酒、茶、书自然地结合起来,为阅读添了几分意趣和创意。比如,《诗经》可搭龙井;《牡丹亭》值得搭一泡上好的白牡丹;读《狂人日记》不妨佐酒,配小碟茴香豆;若读《老人与海》,来杯苏格兰单一麦芽威士忌;看日本《浮世绘里的女人们》,冰镇清酒是夏日应景选项。

不瞒你说,阅读,不仅作为高考、中考语文的必考内容,有的还被列为考试的作文题。如 2016 年高考,天津卷作文,就是"我的青春阅读":

请根据下面的材料,写一篇文章。在阅读方式多元化的今天,你可以通过手机、电脑等电子设备,在宽广无垠的网络空间中汲取知识;你可以借助多媒体技术,"悦读"有形有色、有声有像的中外名著;你也可以继续手捧传统的纸质书本,享受在墨海书香中与古圣今贤对话的乐趣……

当代青年渴求新知,眼界开阔,个性鲜明,在阅读方式的选择上不拘一格。请围绕自己的阅读方式,结合个人的体验和思考,谈谈"我的青春阅读"。

2. 阅读是"宏技术"的

当今时代,阅读的载体、渠道、方式等,都发生了极为巨大,甚至可以说是翻天覆地的"裂变",传统阅读与现代阅读并存,经典阅读与个性阅读互鉴,选择阅读与全民阅读共生,已是重要的标志。

如果说,过去的阅读是在房间内的"固态阅读",如今,阅读已走出"屋檐",车厢已成为阅读的"第一阵地",马路上的"行走阅读"更是一种常态。这种阅读的繁华与繁衍,在很大程度上是依赖于信息技术的发达及其广泛运用。

在科学技术,尤其是信息技术的催化下,以书本为主的平面阅读已走向书本、屏幕、声频等融为一体的立体阅读,从纸质媒介进入网络媒介,以手机、微信、互联网等为载体的"新阅读"已走进千家万户,深入百姓生活,成为每个人的生活方式。

2021 年,中国新闻出版研究院发布的第十八次全国国民阅读调查结果显示:成年人中,人均每年纸质书阅读量为 4.7 本,高于 2019 年的 4.65 本;人均电子书阅读量为 3.29 本,高于 2019 年的 2.84 本;31.6% 的成年人有听书习惯。

纸质图书阅读率和数字化阅读接触率双双上涨,但增加幅度明显是后者更快,另一边还有"来势汹汹"的有声书。

同时,孩子触屏的情形也令人寻思。调查显示,现在的孩子第一次接触数字媒体的平均年龄是 4 个月,最早的甚至从婴儿时眼睛能聚焦到鼻尖距离就开始了。

日益繁多、与时俱进的信息技术,已经形成了阅读的新业态,并将刷新呈现方式。

（四）学校阅读的地位

阅读，是由人的出生而产生的处世行为，人的一生与阅读维系。

在现代启蒙教育中，阅读是第一块"敲门砖"。可以说，人的启蒙、人的文明、人的高尚，都是从阅读开始的，并由阅读的推进而得到不断深化。

尽管阅读是个人行为，但在具有组织、标准、制度、规范和场地的学校里阅读，是人从"自然人"走向"社会人"的开端，也是人的文化水平从无到有、从少到多的方式。

从某种意义上说，学校阅读奠基学生的阅读，影响学生的阅读，促进学生的阅读，进而通过学校阅读，让学生获得正规的启蒙，推动学生全面成长。

学校阅读，是学校实施优质教育的重要载体，也是完成立德树人根本任务的重要手段，更是培育一代新人的重要方式。

1. 从组织方式上看

学校阅读，是有组织、有计划、有目标的教育行为，而且从广义上来说，学校的教育组织方式正是通过学校阅读而实施的。

——学校阅读是有组织的集体和个体的行为。

课堂，就是一个阅读的天地。目前班级授课制，就是一个集体阅读的场景。不同的课程由不同学科的老师传授，学生们集中在一个空间接受传授，课本是一样的，教学进度是统一的，且规定在一个特定的时段中完成，这种高度集中的集体阅读，是目前学校阅读的主要行进方式。

同时，每一个学生的阅读，尽管置身于共同的环境中，但由于各人的认知、理解、心境、追求等不同，会呈现不同的阅读的情态、状态及不同的效果,这种个体阅读的差异,在集体的环境中还是非常明显的。集体环境下的个体阅读,也是有组织的阅读的一种表现形式。

显然,有组织的集体和个体阅读,正是学校阅读的显著特点,也是基于此状况建立学校阅读的基点。

——学校阅读是有标准的制度和规范的行为。

学校阅读因为组织的缘故,所以其是有标准、有制度、有规范的。学校阅读,不是分散、零星、各自为政的阅读,深受标准的制导、制度的制约和规范的制衡。

就目前而言,学校设施的标准、教学设施的配备,以及形成的一系列制度和时空要求,尤其是内容要求,客观上为学校阅读奠定了基础元件、实施条件、内容要件,同时也使学校阅读得到了相对的规范。

这种建立在标准、制度、规范上的阅读场景、视阈,凸显了学校阅读的基本特征。

近年来,学校阅读的环境有了显著的变化。不少学校的图书馆、阅览室旧貌换新颜。以学生为本的教育理念,针对不同学段的学生的专门设计、信息技术手段的广泛介入,已经使这种有标准、有制度、有规范的学校阅读进入了一个新的发展阶段。

——学校阅读是有科学的体系和程序的行为。

如果把学校比喻成一座阅读之城,那么阅读就是所有的建筑。在学校中,阅读是有科学体系的,这种体系集中表现为人们所熟悉的课程计划或课程方案。

课程计划或课程方案,代表国家的意志、政府的指令和社会的要求,对育人目标、课程目标、课程设计、课程内容、课程时间、课程实施、课程评价等做了严谨而又具体的规定,这是学校阅读必须遵循的基线和底线。每天的课程安排及作息时间表,为学校阅读的实施做了导引和规定。

在课程计划或课程方案中,学科体系及其引发的学科教学,是构成学校阅读的"主内容",也是奠定学校阅读的"主阵地",更是实施学校阅读的"大本营"。从某种意义上说,学校阅读更多的是学科阅读,是带有知识性、启迪性、普及性的专门阅读。

2. 从根本任务上看

学校阅读,同一般阅读不同,它是在教育理念指引下的育人行为,是依据根本任务而实施的育人行动。这种阅读的目的性十分明确,指向性十分清晰,达成性十分具体。

——学校阅读是实现立德树人的行进方式。

学校的根本任务是育人,即要解决好"为谁培养""培养什么样的人""如何培养人"的重大问题。立德树人,是我国社会主义学校的办学方向和根本任务,学校一切工作都应围绕这个根本任务展开。

立德树人,是教育的根本任务,也是贯彻党的教育方针的重要指向,更是学校社会主义办学方向的核心价值。

立德树人,规定了教育的性质,还原了教育的本原,强化了教育的功能。尽管字数不多,但颇具分量。学校教育必须坚持这个社会主义教育的基本方向。

同样,立德树人,也不是一句空话,其需要具体的内容和载体加以承载。学校教育必须围绕这个核心进行全方位、全过程的落实。

学校阅读正是完成根本任务的最基本的渠道。教育从阅读始,教育的内容在很大程度上取决于阅读的内容,主要是课程和教材,从某种意义上说就是教育的内容,内容的汲取是需要通过阅读这个"媒介"或"手段"来完成的。因此,没有阅读,也就没有德行的来源;离开了阅读,说理也就成了无本之木;损伤了阅读,立德也会力不从心。

立德树人,正是依赖健康、有益的阅读而使根本任务的完成有了途径。

——学校阅读是培育核心素养的行进方式。

全面贯彻党的教育方针,是学校的职责。2014 年教育部研制印发《关于全面深化课程改革落实立德树人根本任务的意见》,提出"教育部将组织研究提出各学段学生发展核心素养体系,明确学生应具备的适应终身发展和社会发展需要的必备品格和关键能力"。经过两年的课题研究及近百位专家的研制投入,2016 年 9 月 13 日上午,中国学生发展核心素养研究成果发布,引起社会,尤其是教育界的广泛关注。

中国学生发展核心素养分为"文化基础、自主发展、社会参与"3 个方面,"人文底蕴、科学精神、学会学习、健康生活、责任担当、实践创新"6 大素养,"人文积淀、人文情怀、审美情趣、理性思维、批判质疑、勇于探究、乐学善学、勤于反思、信息意识、珍爱生命、健全人格、自我管理、社会责任、国家认同、国际理解、劳动意识、问题解决、技术运用"18 个基本要点,完整体现了育人的核心目标。

核心素养组成内容现已成为学生全面发展的衡量标准,是"五育并举"的具体化。学校把核心素养的全面发展定义作为培育学生的目标导向和内涵解释。

核心素养的培育,在学校落实需要通过教育教学活动,包括课程、活动,而阅读是最基本的。

学校阅读,为核心素养的培育打底色。核心素养的培育,需要基于阅读的经常性、普遍性、长久性的实施。阅读,是人的成长的基本方式,阅读提供最基础、最大量、最直接的知识营养。而人的文化底色是基于阅读的本色的。

学校阅读，为核心素养的培育染成色。系统化、学科化、主题化的学校阅读，为学生建立全面的知识结构提供了最正的"染料"，为一张白纸的"浓墨七彩"建立了"染料库"，为未来的锦绣前程铺上了"红地毯"。

——学校阅读是奠基学生未来的行进方式。

学校是学生成长的"基地"，是学生腾飞的"起点"。小学教育，是为学生终身发展准备的"第一航道"，具有极大的奠基功能。

为学生的终身发展奠基，这个明确的教育指向，决定了学校教育的全部价值。奠基，是小学教育的核心功能和价值取向。

学校阅读，为学生未来奠定基础。万丈高楼平地起，人的成长是过程性的，始点具有奠定第一块基石的价值。学校阅读，为学生未来建立价值体系、是非判断、知识结构和能力组合，这些都是具有奠基性意义的基础工作。

学校阅读，为学生未来建筑大厦。阅读，是通过不断的汲取，使学生成为自己人生的主人、事业的工匠、生活的能手，要从"自然人"变为"社会人"。建筑人生大厦，是一件终身的工作。学校阅读就是设计蓝图、提供原料、讲解施工方法，学生阅读就是领会意图、感悟事理、学会施工。具有判断性、选择性的阅读，是学生建筑的"钢筋水泥"。

学校阅读，为学生未来畅想希望。阅读，不仅给予知识的浇灌、心灵的滋养，而且给予力量的源泉、期望的憧憬。许多学生，正是从阅读中获得丰厚的知识回报，获得思考的钥匙，获得未来的畅想。

3. 从功能作用上看

既然阅读是生活方式，那么学校阅读就是生存方式。阅读，是学校功能实现的最主要载体，实现阅读功能就能发挥教育的功能。

学校阅读的功能和作用，可以说是强劲而又多元，突出而又巨大。

——学校阅读是获取知识的重要渠道。

学校是传授知识的场所，也是育人的天地。育人是通过阅读而实现的。小学阶段，学的是基础性东西，教的是根本性本领，阅读就是把人类现有知识，通过完整的体系、正规的渠道和科学的方法，教会学生。

学校阅读的组织严密性、制度规范性、学科体系性，都为学校担负知识传授的功能创造了基本条件。

——学校阅读是建构能力的重要抓手。

知识转化为能力，这是知识的价值，也是能力的本源。只有将知识形成互相关联的世界，将部分知识放到开阔的领域，并将知识转化为应对现实的能力，才是知识的出口。所谓能力，就是运用知识，解释自然和社会、适应自然和社会、开发自然和社会的通达能力。

能力建构，是学校阅读的重心。以能力为追求的阅读，不仅是实现阅读的初级目标，也是提升阅读的高阶阶段。学校阅读，在知识上可以解读，在能力上可以解放。

——学校阅读是丰富精神的重要载体。

教育的价值就在于文化的传递和精神的熏陶。这种传递和熏陶，在学校主要是通过阅读实现的。学校阅读，是文化的"蓄水池"，是精神的"发源地"。通过知识传递、能力锤炼来倡导精神、提振精神，始终是学校阅读的灵魂。

学校阅读的价值取向，为阅读的精神驻地奠定了基准；学校阅读的文化推崇，为阅读的精神神韵提供了来源；学校阅读的品牌质地，为阅读的精神弘扬做出了经典示范。

——学校阅读是形成思考的重要平台。

对学生而言，知识是形成思考的重要条件，学会思考是从"知识性"

走向"运用性"、"接受性"走向"思辨性"的必然过程。学校阅读应当为这种过程提供引导和动力。学校阅读,与其说是知识传授,倒不如说是知识传授上的思考建构,只有建立在思考基础上的知识传授才更持久、更耐用。

学校阅读的思考建构,是与阅读同时展开的。单纯的知识传授,是低级阶段,只有上升为思考境界,才是抓住了阅读的关键。

——学校阅读是开阔心胸的重要条件。

知识的浩瀚,给予阅读以开阔的地带和宽广的胸襟,不断延伸、发展的知识,将人们带入更大的领域。学校阅读,在给予知识传授、精神滋养的同时,会打开广阔的视野。自然的万物、奇妙的世界,令人为之震撼和赞叹。

人的知识汲取与人的眼界相关。眼界越开阔,对知识的需求就越大。人的见识与眼界、知识都有关联。学校阅读,通过打破阅读围墙,打通阅读通道,让学生在阅读中开阔视野,从而心胸开阔、志向远大。

——学校阅读是端正生活态度的重要窗口。

阅读作为生活方式,必然会对生活态度产生影响。有什么样的阅读方式,也就会有什么样的生活态度。学校阅读,不仅是属于教育性质的,同时也是属于生活态度的。生活态度,是阅读者在阅读过程中对自我价值和社会价值的认知,影响着其生活欲望、生活追求、生活幸福。

学校阅读的末梢必然会触及生活态度的底线。一个健康的阅读者,肯定是一个能正确阅读自我、自然与社会的文明者,一个能用正确的世界观、人生观、价值观对待一切的明智者。

二、小学生阅读的特点

阅读,是很大众化的行为,几乎每个人都时时、处处、事事在阅读,没有哪个人能脱离阅读而生存。离开了阅读,公共话题都会枯萎。

阅读,是很个性化的行为,每个人都有自己乐意接受和习惯的阅读方式,不仅阅读兴趣、偏好、追求,甚至阅读时间、空间的选择等都有不同,而且对阅读的认知、理解、选择等都呈现不同的特征。

不过,不同年龄段的人,在阅读上都会有带有年龄特点和身份特征的阅读特性。小学生作为阅读的一大主体,在特殊的年龄段和特定的受教育期,必然会呈现自身的特点。

小学生的阅读,从严格意义上说,是童年阅读。

了解小学生的阅读特点,对学校阅读是至关重要的,对家庭也是至关重要的。

(一)接受性与启蒙性

处在小学阶段,童年阅读的影子一直伴随,成为小学生阅读的一个重要的基本特征。这种童年般的阅读,就是到了小学五年级,还会带有这种倾向。

1. 接受性

童年的阅读,是在一种随意看到就能相对接受的状态中进行的,可以说,接受性是童年阅读的重要特点。

看图阅读,几乎成为童年时代的重要阅读方式之一,也是最初接受教育的经典范式。童年,对母语认识得不多,开始连基本的"人""父亲""母亲""太阳"等字样都无法认出,只能依样画葫芦,对着现实中看到的,通过图案进行辨认,于是图画式的阅读,就成为儿童阅读的主体。所以,在少儿读物中,绘本是童年阅读的最佳作料。几乎没有一个儿童,不是从绘本开始阅读的。

与绘本相匹配的是,图案中所给予的概念、形象,在儿童看来都是可以接受的。他们接受成人给予的绘本,接受绘本传递的形象,接受通过绘本了解周边的方式。当然其中虽有喜欢或厌恶的差别,但接受在他们那儿是很自然的事,几乎不打折扣。因此,儿童读物对儿童的"入侵",儿童是无法阻挡的。

——接受性,是天然的。儿童天然的身份和所处的阶段,让他们对读物更多地采取接受的态度,接受在他们看来是天经地义的,甚至难以抗拒。

——接受性,是盲目的。在由成人递过来的读物中,儿童基本只有接受的义务,很少有拒绝的权利。在这种年龄,他们不可能用自己的眼光去做出超越年龄和认知程度及范围的选择,这既是他们的有幸,也是他们的无辜。

——接受性,是难忘的。童年时代阅读过的一本书,有可能成为日后回忆的版本,也是铭刻在心中的记忆。有一个成年人,小时候的一本《小朋友》杂志,能让其"终生难忘",甚至将它作为童年时代的"最好伙伴"。他清晰地记得，有一期杂志，在中间摊开来的通版中，一幅"消防车"演习救火的"全景图"，让他看得如痴如醉，津津有味，甚至流连忘返。也许，童年，就是在一张张图画中，开始认识世界，并打下难忘的烙印。

没有接受，儿童无法走向成长的旅途；没有接受，童年时代无法成为启蒙的开端。

在接受性方面，童年阅读是人们由于自己的特定本能而成为终身的受益者。

2. 启蒙性

与其说，接受性是儿童阅读的天然，那么启蒙性则是儿童阅读的必然。前者是本色使然，后者是赋能俨然。

从大人角度讲，儿童阅读是引导儿童成长的法宝，因此对启蒙性的倚重是自然的。这是家长对儿童阅读的价值的解读，也是开展儿童阅读的初衷的显现。

启蒙性，不仅为家长所关注，更为出版单位所重视。在为儿童着想的理念中，儿童读物的健康性、启蒙性始终是判断的标准。

启蒙性，是儿童读物的精髓与要义。从儿童本位出发，以儿童健康成长为准，儿童阅读的启蒙性，正是高悬的一面旗帜。

——启蒙性，是儿童阅读的"灵"与"魂"。无论什么内容，是天文地理、动物世界，还是寓言童话、童诗童话，都坚持以启蒙性来规定内容和表现方式，甚至来决定是否适合儿童阅读。离开了启蒙性，儿童阅读变得可有可无，儿童阅读变得苍白无力，儿童阅读变成负面清单。

——启蒙性，是儿童阅读的"经"与"纬"。启蒙，提高了意义的能见度，加强了内容的健康度，增加了形式的灵活度。这是尊重儿童的具体体现,也是儿童为本在阅读上的具体落实。"经",是时代对儿童成长的社会要求,"纬",是儿童成长的自身规律。

任何对儿童阅读具有正效应的,无一例外都是具有启蒙的原义和深义的。

(二)兴趣性与随众性

儿童是率性的,表现在各个地方,所谓童言无忌。在最初阅读的过程中,这种率性尤其明显和突出。

作为率性在阅读上的表征,兴趣使然和随众欣然,是出现频率较高的现象。这两个特征,让人们感受到儿童阅读是直接的、直面的、直率的。

1. 兴趣性

兴趣,作为人类的一个共同倾向特征,表现是普遍的。人随兴,大概也出于这种天然。兴趣,与人相伴相随。

在儿童阅读中,兴趣性会暴露无遗。喜欢什么就喜欢什么,不喜欢什么就不喜欢,这种"喜怒哀乐"溢于言表。面对一本书,爱不释手的会专注有加,厌烦的会随手一掷,感兴趣与否一目了然。

很难说,兴趣性是好是坏。但对儿童而言,兴趣性是他们产生阅读欲望的内驱力,阅读是随着他们的兴趣而起的。

——兴趣性,儿童阅读的最低尺度。童心时期,性情自然天真、幼稚,世界上任何一件东西,对他们都具有无穷的魅力,他们是天然的探寻者。星星为什么闪烁,蓝天为什么是蓝的,今天为什么不能说昨天,等等,一连串的问号,自然成为儿童阅读的兴趣所在,甚至蚂蚁搬家都是津津乐道的话题。

兴趣性，让儿童备尝阅读的美意、阅读的快意、阅读的惬意。这种美意因为兴趣点燃，这种快意由阅读携来，这种惬意因为兴趣勃发。

——兴趣性，儿童阅读的选择标准。按兴趣选书，由兴趣看书，凭兴趣评书，这是儿童阅读的常态。童趣，是他们的看点；惊奇，是阅读的卖点；探寻，是他们的迷点；震撼，是阅读的激点。有童趣，什么大灰狼，什么葫芦娃，都可以吊起他们的胃口，什么大炮、军舰，都可以逼出他们的阅读欲望，反正趣味成了阅读的底板。

兴趣性，儿童是用来评判、取舍阅读的。

——兴趣性，儿童阅读的快乐取向。阅读，是儿童生活的重要组成部分，如果说游戏是儿童时代的"主业"，那么阅读就是儿童时代的"富矿"。游戏，让儿童感受天真的滋味，阅读则让儿童获得长进的佐味。阅读，能带给儿童触及灵魂的快乐，能让他们看到生活的光、自然的彩、世界的宏。

兴趣性，儿童阅读生发的情愫，带给他们一时但也是长久的，因为通过阅读打开的是一整个世界，让他们想象，也可以幻想，也可以空想。幻想并不因为没有实现而缺少快乐的憧憬，空想并不因为海阔天空而远离快乐的弧线。

2. 随众性

随众性，是伴随儿童阅读的兴趣性必然会产生的一个阅读特点。由于小学生受年龄区段、认知程度、理解水平等局限，在阅读上的随众性也是必然的，它的产生与社会、学校、家庭对儿童的保护相关，与儿童自身的阅读水准相关。

随众性，也许在童年这个时代，是他们面对阅读做出的选择。

随众性，客观上由儿童受保护形成。儿童的阅读材料，大多是由大人，或者学校、家庭提供的。这种阅读来源，很容易让儿童产生"给什么读什么"的随意性，这种随意性很容易萌发随众的阅读心理。

——随众性，儿童阅读的可接纳型。

尽管随众性从字面上理解，似乎是一种缺点，但在儿童阅读中，随众正表明其对大人，或者学校、家庭提供的读物并没有太多的抵触和不满。这有利于他们在未来的学习中，能够对所提供的阅读材料保持一定的兴趣和建立一定的接纳观念，让阅读在随性中完成。

随众性，同时让儿童感觉到阅读是个体的，也可以是集体的。当每一个小学生拿到统一的教科书时，他们的第一感觉是"无条件接受"，从没有表示拒绝，这与他们在童年时期形成的阅读随众性有关。从某种意义上说，随众性，正是儿童阅读的接纳意识萌动的始端。

——随众性，儿童阅读的可生发状。

随众性，从表面上看起来，可能是一种被驱使的被动阅读，但儿童阅读最初的情态似乎就是如此。大人提供小孩阅读的东西，其要随着大人的偏好来阅读，而当看到伙伴阅读时，其又会循着旁人的阅读而跟着阅读。在这些"指导"或"跟随"的随众中，也许儿童阅读就在不经意中产生了，继而成为一块肥沃的土壤，有利于阅读的广泛展开。

随众性，正由于趋从而使阅读开始，成为正在发生的事实。

——随众性，儿童阅读的可辨别态。

不论怎样随众，每个儿童对阅读所产生的感觉、体验、认知，不会是一样的，就是在表示对某一类读物偏好时，各人的表达也是不同的。这种程度上的细微差别，正是儿童建立最初的辨别意识和辨别能力的开始。儿童对读物的辨别更多的是从感性、随性出发的，即使大人预设判断，也很难直接施加于小孩。

这种可辨别,也许正是在随众中才可能获得的,因为随众,让儿童阅读"不设防"。

（三）情境性与个体性

阅读,总是在一定的环境中产生的。时间、空间、氛围形成的"外环境",内心、情感、需求形成的"内环境",都会对阅读产生深刻的影响。

在情境下阅读,在个体中完成,儿童阅读与成人阅读,似乎没有什么区别,但细分一下,儿童需要的情境阅读,儿童喜欢的个体阅读,还是会有不少的差别。这种差别,不是什么坏事,恰是儿童阅读的特殊性。

情境,让儿童阅读在环境的烘托下,有更好的阅读体验,实现情景交融;个体,让儿童在自主的氛围中,有更美的阅读心得,实现赏心阅读。

1. 情境性

情境,是一种环境,也是一种寄托。

情境,为一定的物质条件所构成,有诱人的场景,有真实的实景,有布置的特景,有美妙的图景,等等,不一而足。

情境,有时候是阅读的要件,有的阅读需要环境的配合。

情境下的阅读,是所有阅读者所乐意的。对儿童来说,阅读的情境就是阅读的背景。

——情境,为儿童阅读创造"背景"。

儿童,相对来说,生活的底蕴和视野都相对狭窄,这种先天不足,使得他们对创造的情境有一种期待,甚至与幻想中的景象相吻合,就是如愿了。多年来,情境阅读,一直为儿童阅读的推广者所热衷和推崇,也正迎合了儿童阅读的情境式需求。

情境,缘何为儿童所喜欢?那是因为情境为儿童阅读呈现了"背景"。这样的"背景",有的因与读物的内容匹配而产生了实景化阅读的效果,有利于理解阅读的对象;有的因与阅读所需要的环境相谐,有利于形成阅读的氛围;有的因与阅读交流所需要的气氛相依,有利于同伴之间的交流。

——情境,为儿童阅读点燃"激情"。

情境,是放大了的阅读场景,这样的场景的一个功效是能触景生情,点燃儿童阅读的"激情"。

阅读的"激情",有的通过外部环境的烘托而兴起,有的通过读物本身的引人入胜来激发,有的通过共同的阅读体验来衬托。情境,无疑是撬动阅读的"支点"。

——情境,为儿童阅读提供"燃料"。

情境,也是阅读的对象,有时候与书本阅读一起,成为互相映照的共同体。情境,也是一种"燃料",其是可燃的、可读的、可复制的。

儿童对情境的需求,有时与阅读物本身是一致的。

2. 个体性

阅读,不论出于什么情景和状态,方式往往是个体的。个体性,是人间阅读的最原始,也是最基本的方式,不论技术如何进步,手段如何出新,个体性的阅读将与人类的阅读并存。

个体性,将阅读的社会功能与个体的阅读方式有所分工、有所区别。阅读的社会功能,也许需要集体意志下的集体阅读来达成,而个体阅读方式不会因为社会功能的实现而改变。

儿童阅读的个体性,可能更看重儿童阅读的个体特点。

——儿童阅读的个体性,最主要的是尊重儿童。要从儿童生理、心理的需求出发,妥善安排儿童的阅读时间、阅读地点、阅读内容。要顾及儿童在成长过程中的实际需求,不能用大人的思维去主导儿童的阅读。

这就需要儿童阅读的提供者,从儿童的状态、特性来考量提供的数量和质量。要为儿童提供阅读的材料,但不提供不尊重儿童的东西,尽管有的在成人看来是天经地义的。

——儿童阅读的个体性,最重要的是适合儿童。儿童阅读是要有科学性的,不是眉毛胡子一把抓,也不是来个集中轰炸。内容上要适合儿童,贴近儿童的需求;形式上要适合儿童,贴实儿童的习惯;提供上要适合儿童,贴切儿童的期待。

适合儿童,不是一句空话,需要求证、实证。

——儿童阅读的个体性,最重要的是引导儿童。在儿童阅读上,既尊重儿童,也引导儿童,这并不矛盾,相反这是相辅相成的事。尊重儿童,是阅读的基点,引导儿童,是阅读的价值,基点与价值应当是在同一条线上的。

成长是需要引导的,这也是教育的功能和学校的功能。儿童阅读的最大化是尊重了儿童,儿童阅读的最大值是引导了儿童。

(四)学科性与广泛性

学科性,是伴随小学教育的。小学生在义务教育阶段,开始正规地接受政府安排的教育内容,就目前小学课程方案或课程计划来看,学科性是他们最初接受启蒙教育的一个特点。

广泛性,是指由于参加了学校阅读,使阅读的内容、方式及时空有了拓宽,广泛涉猎性的阅读成为可能。

学科性阅读和广泛性阅读,构成了小学生在学校阅读框架中的主要结构。

1. 学科性

学科性,对小学生而言,是学校提供的学习内容的归类。在目前情形下,分科教学仍然是学校教育教学活动的"主流",也是建国以来基本呈现的学校传授的基点。

学科性,有利于建立学科体系,便于知识传授,有利于建立最初概念,便于知识梳理,有利于建立智力结构,便于知识积累。当然,长期以学科为本,也易形成学科之间的壁垒,不利于知识的迁移、融合甚至转化。不过,学科性,依然是小学生开始接受启蒙教育的常态。

——学科性,是小学生建立学科阅读概念的始端。

学科性的安排,使小学生从开始接受学校教育时,在打开知识窗户时,有一个相对固定的概念。这种概念对他们学习知识、了解知识、加深知识是有益的。

学科性,在阅读时有一个相对独立的知识分类,为他们准备了"知识口袋",从此学习阅读有了"归宿",让他们明白世界上的万物是有"类型"的,所谓"物以类聚,人以群分"就有出处了。

——学科性,是小学生产生不同阅读兴趣的来源。

小学阶段是打基础的时期,均衡发展是必须的,全面发展当然需要全面阅读,以形成厚实的知识基础。但小学生的阅读偏好还是因人而异的,各人有不同的阅读兴趣、不同的阅读方式。学科性也许在一定程度上为他们的不同阅读兴趣开辟了通道。

如果说,幼小时期的阅读兴趣是由心向决定的,那么,学校阅读开始的学科性特点,为他们的阅读兴趣再次进行"筛选",也为他们具有学科性特点的阅读兴趣再燃"烽火"。

——学科性,是小学生导向高阶阅读的阶梯。

由于学科教学具有强烈的学科特点,学科之间有着明显的区别,从而也带动小学生去探寻更深入的方向,并以此建立较为稳定的阅读志向和爱好特长,为高阶阅读打下基础。

建立在学科性基础上的阅读兴趣,是导向高阶阅读最近的路径。学科阅读,大大加深了他们对知识的理解,引发了他们对知识的探寻欲望,从而站在更高的层次上去高阶阅读。

2. 广泛性

广泛阅读,来者不拒,小学生对阅读的开放性,不仅因为童年时代的好奇而无忌,而且因为求知的渴望而放开。

广泛性阅读,相对学科性阅读,更具有随意性、包含性、自主性的特征。学科性阅读,让他们不满足,广泛性阅读,让他们更知足。学科性阅读,强调的是知识的系统性,广泛性阅读倚重的是常识的开阔性。

——广泛性,有益于小学生建立世界的概念。

知识是贯通的,世界是连接的。通过广泛性阅读,小学生对世界的认知,也许会从微观到中观,甚至宏观。这个世界,知识是反映自然、社会和规律的,广泛性阅读就能逐步走入知识,走向自然,走进社会。

广泛性阅读,让他们懂得广博的价值。

——广泛性,有益于小学生形成让阅读成为生活方式的习惯。

阅读,成为生活方式,既来源于对阅读价值的深刻理解,也来源于阅读带来的深刻体验。广泛性的阅读,让他们感到只有让阅读成为生活方式,才能延伸生活,体现价值。这种生活方式又支撑他们广泛性地获取新知。

　　阅读成为生活方式,基于广泛阅读的积累所得,也源于广泛阅读的体悟所系。越广泛的阅读就会让他们越信服这样一种影响终身的学习方式。

　　——广泛性,有益于小学生丰满人生的智力。

　　在这个不确定的世界,唯一能确定的是要拥有驾驭自然、掌握人生的能力。世界变化,没人能预测,建立丰厚的知识结构,可以有作为。小学生的广泛性阅读,正是生存、生活的要义和途径。

　　广泛性阅读,让小学生的心智趋向成熟,让小学生的情感趋向丰满,让小学生的人生趋向幸福。

品格篇

品格，人的内涵体现

品格，人的修养表现

品格，人的格调再现

品格，一生的影响源

一、什么是品格

品格,是人的形象的鲜明特征,也是人的内在的突出特点,更是人的心灵的集中特性。

人,是以品而树、以格而立的。品,为人的内涵和品位;格,为人的风范和格调。

品,是一种地位,一种境界,一种大局。

格,是一种标准,一种标志,一种标尺。

品格,从某种意义上说,就是人的规格,人的素质,人的格局。

人的规格因为品格而显出高低,人的素质因为品格而显出层次,人的格局因为品格而显出大小。

小学阶段,是品格形成、养成、铸成的"关键期"。小学教育,是奠基的教育。对学生品格的奠基,是这种全面奠基的重要一环。品格教育、品格锤炼、品格陶冶,是落实"立德树人"、实现"五育并举"、培育"核心素养"的重要部分和核心价值。

对小学生而言,品格对人的成长、学业的长进具有基础性、引领性、影响性的地位。

品格的成就,与阅读有着千丝万缕的关联。品格"阅读"与阅读"品格",颇耐人寻味。

（一）品格的特性

品格，作为人的德行的集中反映，与人的道德、人格、品质都有着"你中有我，我中有你"的"血缘关系"，互相之间的交集既繁多又深度牵扯。

1. 品格与道德

说实在的，品格与道德有着密切的关系。

——道德，是社会意识形态之一，是人们共同生活及其行为的准则和规范。道德通过社会的或一定阶级的舆论对社会生活起约束作用。

道德，侧重于规范人与人之间的关系，调节人与人相处的适宜度，形成在社会共同生活的准则，对正常的社会秩序的维系起着重要的作用。

道德，在人与他人、人与集体、人与社会的关系中，最能反映出高低和境界。

这种道德，不是虚无的，其必然会在个人的言语和行为中得到显现、验证和反馈。

——品格，是道德的映射，也是道德的出处。品格，可以在道德中找到依据，在道德中找到内涵，在道德中找到价值。有什么样的品格，就会有什么样的道德；有什么样的道德，也会有什么样的品格。

——品格与道德，在某种情形下，在某种特定的评判中，可以"互换"。在社会生活中，在评价个人行为中，品格与道德，有时是不区分加以运用的。当评价某种现象或行为时，没品格也就没道德；反之，无道德也就没品格。

从某种角度上说，在品格中，道德，是一个"来源"，规定了品格的

"身份";道德,是一个"标杆",显示了品格的"位置";道德,是一个"影子",显现了品格的"形象"。

很难从伦理的层面,分出品格与道德的高低,但从各自的内涵和外延来看,似乎品格就像"个人端",是一个人存在于内在的基本素质;道德就像"社会端",是人与人在集体、大众生活中的相处准则。

2. 品格与人格

人格,是人的品性更稳定、人的品质更有指向性的一种概括。

——人格,是指个体在对人、对事、对己等方面的社会适应中行为上的内部倾向性,主要表现为能力、气质、性格、需要、动机、兴趣、理想、价值观和体质等方面的整合,是具有动力一致性和连续性的自我,是个体在社会化过程中形成的独特的身心组织。整体性、稳定性、独特性和社会性是人格的基本特征。

一个人的人格表现在知、情、意等心理活动的各个方面,包括个人的认知能力的特征、行为动机的特征、情绪反应的特征、人际关系协调的程度、态度和信仰的体系、道德价值的特征等。

——人格,是由先天的遗传素质与后天环境相互作用而形成的、能代表人类灵魂本质及个性特点的性格、气质、品德、品质、信仰、良心以及由此形成的尊严、魅力等。人格,是人类独有的,人格的独特性、稳定性、统合性、功能性是四个主要特征。

——从人格的定义中,不难发现,品格与人格在内容上有重叠性、相似性、互映性。如果细分一下,也许品格是最基础的,人格是最上位的;品格是起步的,人格是冲刺的;品格是起始的,人格是终极的。

不过,在人的成长中,品格的作用并不亚于人格的魅力。品格,也许是人的品质所在,而人格则是人的魅力所系,品格为人格搭建阶梯,人格为品格建立高地。打个比方的话,品格是塔基,人格就是塔尖。人格要伟大,品格要优秀。

3.品格与品质

品质,人们往往用来表示人的高低和事物的程度。

——人们通常所说的品质,如果指物,那么就是物品的质量,它是指物品的质量以及达到什么标准,包括外观、构造、功能、可靠性、耐用性等,当然还可以包括由物品质量延伸的服务保障、售后服务等,是一种质地。

如果指人,那就是人的行为和作风所显示的思想、品性、认识等实质,显示一个人的处世风格、言行高度,是一种质性。

——品格与品质,从某种意义上说,是基于相同的标准而以不同的特性呈现。品格,是对人的操守和行为的正确与否的评价指标,往往出现在判断某种行为、某种现象或某种事情中,可谓"瞬时评价";品质,是对人的本质和概貌好坏与否的评判指标,往往出现在明确人的品性、选择某种东西、需要做出取舍时,可谓"终极评判"。

——在评判一个人时,用品格代表程度、品性。程度高,自然人的成熟度高;品性佳,自然人的风范佳。用品质代表质地、质性。质地好,自然人的内在好;质性佳,自然人的风格佳。前者以"格"为特性,体现做人的格调;后者以"质"为特性,显示人或物的本性。

(二) 品格,人的立身之本

品格的价值并不仅仅在于本身的质地优秀,而且在于对人的成长基础、发展空间、未来前途都起着至关重要的作用。

品格，人的立身之本，道出了品格的奠基意义、成长价值和立身功效。

1. 人以什么立身

人的立身，是客观存在的。从某种角度说，人，每天的站立是一种立身，每天的行走是一种立身，每天的工作是一种立身，每天的生活也是一种立身。可以说，这样的立身，似乎是存在的表现方式，也是一种"现象"立身。

——生理立身。

生理立身，是立身的基础和必备。人的发育健全、体格健壮、机能健康，为立身必备素质。这种生理健康是正常人一般立身的必需条件。

——精神立身。

人的立身，更是一种精神立身，更依赖于人的品行立身，更依赖于人的文化立身，更依赖于人的魅力立身。

生命运动与精神运动融为一体，形成人的立身的基本面。

立身，不仅是生理层面、物质层面的，同时也是心理层面、精神层面的。

人的立身，需要生理健康的主干，也需要心理健康的中枢。

——品格立身。

人，最终以生理健康、强壮而存在，又以心理健康、厚实而健在。品格是立身的支柱。

品格立身，以生理健康、心理健康、品行健康而矗立。

比如，明朝年间，山东济阳人董笃行在京城做官。一天，他接到家信，说家里盖房为地基而与邻居发生争吵，希望他能借权望来出面解决此事。董笃行看后马上修书一封，道："千里捎书只为墙，不禁使我笑断肠;你仁我义结近邻,让出两尺又何妨。"家人读后,觉得董笃行说得有道理,便主动在建房时让出几尺。邻居见董家如此,也有所感悟,同样效法。结果两家共让出八尺宽的地方,房子盖成后,就有了一条胡同,世称"仁义胡同"。

2.品格对人健康成长的意义

品格一旦形成,会对人的成长产生持续而深刻的影响,甚至终身受益或终身受困,这是因为这种品质内涵、行为方式往往成为左右一生的"基本元素"和"影响源"。

——品格对人奠基成长的"三期效应"。

人们常说:三岁看大,七岁看老。尽管这句俗语的正确性和准确性还有待考察,但现实中不乏普遍的事实。

品格对人奠基的效应,如果从时间长度看,可分为早期、中期、晚期。

品格,对人的早期成长具有铺设"基轨"的价值。如果把人的一生比作一列火车,那么品格就好比是"基轨",决定了这列火车的前行方向,大致能勾勒出其走向。人的早期品格"落座",标志着其位置和方向。

品格,对人的中期发展有着持续"稳定"的价值。人的中途,有着早期奠基的影子,也有着时下坚守的执着。经过岁月的洗礼,这种品格在事业、生活中不时地展现其特性,甚至成为长期稳定的力量。

品格,对人的晚年具有散发"鉴赏"的价值。经过早期奠基、中期积淀,到了晚期,品格犹如一道霞光,光芒会折射开来。品格,对晚年生活是一种加持。

人在不同时期、不同发展阶段,品格显性或隐性地出现在言语中、行为中,映照在事业中、生活中。

——品格对人发展成长的"三导作用"。

品格,既是人的一种品质和蕴藏在内心的坚守原则,也是促进人的发展和赋予成长能量的重要力量。这种品格,具有"导航"的当量:导入正能量,导向正方向,导引正航道。

品格,是一种正能量。良好的品格,就是人的良好储备,就是作为人的健康而活跃的能量。品格,从表面上看,似乎看不见、摸不着,但在处世中会显露无遗。任何言语、任何行动,除了思想之外,品格自觉或不自觉地会展现。

良好的品格,就是人内在的积极、向上的正能量,大量而持久。

品格,是一种正方向。品格,是做人的根本,也是成事的根基,其规定了人的人生和事业的走向。人生的成功要靠正确的方向,事业的成就也要靠正确的定位,品格就是一种方向。所谓人正事才旺就是这个道理。

良好的品格,为一生始终坚守正确的方向,这种用品格来加以保证的方向,具有持久性。

品格,是一种正航道。品格,不仅是方向,而且也是航道。品格,是立柱,也是航道。品格,为人生开辟了正道,为事业展开了明道,而且方向正确之下的航道,能带领人走向幸福的彼岸。

良好的品格,可以为在航道上顺利扬帆远航保驾护航。

——品格对人事业发展的"三种催化"。

品格一旦形成,对事业发展是永远的"建筑"。做事,其实是做人。品格对事业的成就价值十分重大,这种催化作用非常明显。

品格中的坚定,是一种定力。坚定,就是有信仰、有信念、有目标,在任何情形下,保持定力。

坚定,让品格更显伟力。

品格中的坚毅，是一种坚持。坚持，就是知道信仰在心、信念在身、目标在前，永远保持前行的姿势，永远行进在诗与远方。

坚毅，让品格更加隽永。

品格中的坚守，是一种态度。坚守，就是明白信仰的力量就在于持续，明白信念的能量就在于始终，明白目标的当量就在于达成。

坚守，让品格更能磨砺。

3. 品格形成的主客观条件

品格，每个人都有，只是不同的品格罢了。因此，品格是很个性的，而且每个人的品格有其鲜明的特点。

不过，作为社会中的人，品格的独立性、个体性并不否认这种品格在大背景下的呈现具有社会性。就是说个人品格的形成，不仅与个人的因素相关，也同时代、社会等客观环境有关。

品格的形成，是个体因素与时代因素的共同体，是个体因素与社会因素的结缘体，是个体因素与文明因素的融合体。一定的品格，是人的信仰追求的表现，也是时代、社会的要求的呈现。

没有脱离时代、社会的品格，也没有离开个体、自身的品格。

——**客观条件：**

人在时代、社会中形成品格，这是坚持意识源于物质的唯物主义；人在文化、文明中成就品格，这是坚持精神转化的辩证法。

时代为品格提供"背景"，社会为品格提供"场景"，文化为品格提供"情景"，文明为品格提供"心景"。

时代维度——人是时代中的人，时代对人的品格具有"规定性"的约定。什么样的时代，就会推崇什么样的品格或倚重什么样的品格。

时代的特征，往往成为品格塑造的"出处"。时代不同，对人的品格的"底数"和"要约"是不一样的。不仅由于人类社会制度发展到不同阶段而不同，比如奴隶社会同封建社会就不同，封建社会同资本主义社会也不同，资本主义社会同社会主义社会也不同；而且由于科学技术的进步而不同，比如蒸气时代同电气时代不同，电气时代与信息时代不同。时代的制度更替和科技发展叠加，对品格的要求升华到一个新阶段。

时代的进步，往往成为品格塑造的"指向"。时代前进的脚步，对人的品格的"尺度"和"标的"是不一样的。

我们眼下这个时代，也许除了坚持诚信之外，倡导创新是一个重要指向。创新，也许是这个时代的基本特征，互联网、大数据和人工智能，则是大大增加了时代的元素。这种元素会使人的品格维度和质地跟以前有所不同。

时代的烙印必然会在人的品格上形成一条"影响线"。时代的变迁是从量变到质变，对人的品格的"追涨"和"平衡"是不一样的。

今天，我们谈论人的品格，必须以时代的维度作为坐标。要从适应时代发展的维度，考虑人的品格的对应度、匹配度。

社会维度——人的品格在社会关系的处理中，最能显现其本质、本性。因此，从社会维度考察人的品格的建构，极富意义。

社会是动态的，是集体的"大家庭"，也是大众的"四合院"。社会运行是有规范、有秩序的，作为规范必然有规矩，作为秩序必然有顺序。

社会是有准则的，是人的品格的"基线"。符合社会整体利益的言行，既是一种规范，也是一种要求。人的品格与之相符，就能为社会所接纳、所肯定、所赞赏，反之就会被社会所唾弃、所鄙视、所抛弃。

人的品格要在社会中找到正直的身子，要在社会中找到立足的基点，要在社会中找到打开的门槛。

社会的共同利益,是人的品格的"同频"。集体是个体的综合,共同利益是人与人和谐相处的共同基础。品格的融合性、弹性,要与社会的法则、集体的规则产生共振。

从社会维度建立起来的品格,是能在社会中站住脚的,具有与社会同进退的"钟摆"效应,具有与社会同相处的"即时"效应,具有与社会同呼吸的"循环"效应。

文化维度——一定的文化程度,会对人的品格的形成产生影响。相对来说,文化程度越高,对品格的认知相对程度也越高,但也不是绝对的。

文化,是人类的结晶,是一种经过人们检验的原则、精神。文化知识,是形成品格的肥沃土壤;文化意识,是形成品格的催化良剂;文化浸润,是形成品格的熏陶环境。

文化,是一种思想的注入。清晰的世界观、健康的人生观、明确的价值观对品格的形成具有重要的价值。世界观为品格建立基本的价值导向,人生观为品格建立具体的行为导向,价值观为品格建立正确的判断导向。

文化,是一种理念的植入。文化的因子有益品格的发育,文化的元素有益品格的滋养,文化的影响有益品格的健全。

当品格的形成在文化的平台上起飞,就有了牢靠的保障。

文明维度——品格离文明最近。文明是品格的底板,在文明上可以对品格评头论足,可以自由发挥,可以纵横交叉。

文明,为品格定"基准"。任何文明的言行,都是有品格的。文明的内容、文明的规章、文明的举措,都可以成为品格的对象。从某种意义上说,文明的左手就是品格,文明的右手就是素质。任何文明的行动,都可以在品格中找到对应;任何品格的行为,也可以在文明中找到出典。品格的原色可在文明中找到原料。

文明，为品格拓"思路"。什么是品格？品格就是文明的回归与畅想，就是文明的原本与推崇，就是文明的演绎与弘扬。文明的概念，为品格的展开提供了基本的思路；文明的范畴，为品格的厚实提供了不竭的能源；文明的深化，为品格的境界提供了提升的台阶。

文明，为品格校"准星"。看品格好不好，可朝文明的"秤"上亮一把，如何使品格有档次，可让文明来见证。当品格一时难以辨别时，文明就是明镜。

从文明维度为品格再添神韵，可让品格再创辉煌。

——主观要件：

品格，从某种角度说，就是一种自我修炼形成的内在品质和素养及其行为方式。

品格的形成有赖于自身的认知。没有人可以强迫人去接受一定的规范，只有在自己内心形成的价值判断才是品格的出生地。

显然，品格的真正形成，是主观的一种意愿，也是主观的一种架构，更是一种主观的行为。

在品格形成中，主观是最重要的因素。只有建立在主观、主导的基础上，品格才会形成、坚持、持久且与时俱进。

——自我认知是品格形成的"第一步"。

品格，是对自我的清醒，也是对自我的约束。一个人想形成什么品格，这是基本上由自己决定的，他人的因素、社会的影响只占一部分。

良好的品格建立于正确的自我认知基础上。只有当自己认识到自己时，品格的形成才有了源泉。认识自己，这是大写在人生道路上的界碑，具有全面的警醒意义。在品格形成中，认识自己，是垒起品格大厦的第一块砖。

建立在自我认识基础上的品格，就解决了从哪里来到哪里去的根本问题。

良好的品格建立于懂得取舍的判断上。品格形成，一要取决于外界的要求，二要取决于内心的选择。因此，品格就是一项选择题，是在做一种取舍和选择。这是道德意义上的选择，也是人格意义上的选择，更是基于品质意义上的选择。

取舍的结果，将在很大程度上反映品格的质地。

良好的品格建立于是非曲直的辨别中。品格，是一种是非辨别，也是一种立场揭示，辨别伴随着认识和判断。在这过程中，通过高清晰的辨别、高频率的转换，实现是与非的剥离。

辨别，是认识的继续、判断的延续，对品格的形成有着锻造的价值。

走出认识、判断、辨别这一步，那离品格的形成就不远了。

——自我设定是品格形成的"大跨步"。

认清自己，只完成了品格形成的前期任务，接下来的设定则是一个重大作业。自我设定，是思考、探索、比较的过程。

自我设定，要以高尚为标杆。品格，每个人达到的层次是不一样的，且千差万别。品格的高低，与设定的目标有关，是基于一般，过得去，还是坚持高标准、高要求，最终的结果是不一样的。

自我设定，以高标准看齐，就站上了道德的制高点，就掌握了人格的专利权。

自我设定，要以道德为准绳。一切言行，从道德高地找到出处，就有了品格的定位和站位。道德判断，一般而言高于品格判断。以道德统率品格，品格的里外就有了道德的庇护。

能遵循道德的尺度，就是品格的格调。

自我设定，要以淡定为守正。一般而言，个人的私欲越低，品格就能上升，反之格调不会太高。淡定，有追求但不奢求，有需求但不唯求，有满足但不企求。

品格中有淡定当家，人生的舒适度就会增加。

——自律是品格形成的"关键步"。

在品格中，自律是一个稳定因素，也是持久的能量。

自律，是品格的"守护神"。品格，是需要自律来维护的。品格的坚持是以自律为前提的，如果没有自律，品格就不堪一击，几乎是建立在沙滩上的。自律，往往成为品格的内中之核。

说到底，自律，本身也是一种品格的要素。

自律，是品格的"安全阀"。要坚守品格，首先要成全自律，建立在自律基础上的品格，才是上了"保险"的。可以说，自律是品格的"哨兵"，起着保卫价值、维系功效的作用。

上了自律的保险，品格就多了一层保护层。

——自我调整是品格形成的"行大步"。

品格的形成，并不是一成不变的，其需要在时代、社会变化的情形下，在文化、文明深化的境遇中，通过科学的调节，使之达到舒畅的感觉。品格的形成和坚守，不是一件痛苦的事，形成习惯终身受益。

自我调整，是完善品格的必由之路。品格，具有相对独立性和稳定性，但不是凝固的，其需要根据时代、社会的需求调适，有的是内容调整，有的是侧重改变，有的是灵活把握。

自我调整，是提升品格的实践之路。品格，随着时代的要求而提升，随着社会的需求而提炼，随着文化的积淀而提高，随着文明的渐进而提速。任何一次改变和加固，都是提升品格的内涵和品质。

（三）品格，建构的多元性

品格，在时代的背景下，总有为时代特征所适应的内容，有在民族文化传承中的规范，也有基本做人的约定俗成。

1. 时代呼唤的品格

当今世界，科技高速发展，跨入了信息时代，以互联网、大数据、人工智能为代表的信息技术以前所未有的高度和速度渗透到社会、行业和人们生活中。

同时，世界风云突变，一场新冠疫情无情地碾碎了多少人的梦想，不确定性成为一大特点。

动荡的世界，争议的场面，难控的现实，对人的考验与日俱增。

时代的变迁，对人提出了更高、更全面的要求。这种要求的一个能见点就是品格。特殊的时代需要特殊的人，特殊的人需要特殊的品格。

品格，成为应对时代变迁的"软实力"。

人才培养规格与要求是随着时代进步和社会发展而变化的，与时代同步、为社会所需，是学校培养目标的唯一选择和必然适从。当今时代飞速发展，从来没有像现在这样，人的全面发展与时代需求如此紧贴。

从眼下看，时代需要的品格，至少在以下几个方面予以体现。

——开放的胸怀。

开放，不仅需要形式的开放，更需内容的开放；不仅是纸面的开放，更是行动的开放；不仅是口号的开放，更是思想的开放。

开放的品格，注入现代人的血液。

——开阔的胸襟。

开阔，尽收眼底，内涵丰富，寓意深刻，接纳所有来自各方的信息。

开阔，始终保持宽阔的视野，始终保持宽厚的包容，始终保持宽大的胸襟。

开阔的品格，是现代人放之四海而皆准的推力。

——开明的态度。

开明，就是明事理，懂规律，执大义，做明白人，说明白话，做明白事。

开明的品格，促使现代人更崇尚对真理的追求。

——创新的精神。

创新，是人类进步的不竭动力，也是人的智慧发挥的出口。创新，让人们解决一个个问题，破解一个个难题，解放一个个束缚。

创新的品格，让现代人掌握攻关的钥匙。

——劳动的实践。

劳动是成就之母，付出是获得之母。建立在创造基点上的劳动，更有思想的见地，更有发明的深意。

勤于劳动的品格，让人一生的成就建立在正确的获取方式上。

2. 社会需要的品格

社会是一个人存在的"大家庭"，其运行需要有共同的制度、共同的规范、共同的秩序。维系这个系统的是公共的道德及法律。

公共道德，是以人的自觉遵守而发挥作用的，法律则是以强制的规定而约束人的。前者是后者的基础，后者是前者的保障。

公共道德的建立和形成，是建立在人的品格基础上的。可以说，人的品格集成就是公共道德的基本规范。

因此，人的品格，不仅对自身，也对社会产生着影响。

社会需要的品格，既有集体意志的共性，也有个体修养的个性。社会需要的品格，无疑是个人品格的参照系。

——遵守公共规范。

公共规范，是社会生活常态化的必需条件，也是社会持续发展的保障条件。公共规范，对人与人在社会中的存在与运行，提出了基本主张，以规范实现公共利益。

这种规范，在人与人、人与自然、人与社会之间设置了"绿灯"或"红灯"，成为个体走向集体、个体走向自然、个体走向社会的准则。

遵守公共规范，是人的品格的内容，这种品格在处理个人与集体关系中起到了一个"阀门"的作用。

遵守公共规范，是品格的操守。

——学会施行厚"礼"。

"礼"，许慎的《说文解字》解释为："礼，履也。所以事神而致福也。"礼，就像脚要穿鞋子走路，人们要按照礼制行事。

礼的含义较为丰富。一是礼仪，用于表示不同敬意层次、不同规格程度的仪式或典礼；二是礼貌，用于人与人之间交往遵守的规则或修养；三是礼节，用于迎来送往所遵守的约定俗成的惯例或习惯。

"有礼"，就是讲究礼貌，注重和谐，以礼悦人。

3. 自我需要的品格

品格，既然是人的立身之本，那么就有一种自我需要。

自我需要的品格有自主性，不是别人强迫的，完全建立在自觉自愿基础上，是自我对言行的约束和管理。自主性是个人品格的主要特征。

品格只有建立在自主性上,才有可能成为个人的财富。

自我需要的品格有要求性,不是用来装饰的,其规定着基本的行为规范,秉持着道德的准则,有着人格的影子。要求高低,决定了品格的高下。要求的提高,有利于品格的完善。

自我需要的品格有实践性,不是用来装点门面的,主要是用来保障个人行为与集体利益的协调、个人行为与社会需要的对接,以及个人行为与自然的和谐。品格最能反映的地方就是言行。践行品格是自我需要的满足。

对小学生来说,品格的养成,还需要从教育的角度、学校的角度、家庭的角度来建构和磨炼。

社会主义教育是学生成长的"地基",其核心是育人。为此,党和政府在不同时期对育人做了具体的指向,这些规定性的内容,对学生的品格形成了导向,小学生品格要与此对接。

学校是小学生形成必备品格和关键能力的"主阵地",育人目标下的学生行为规范,为小学生的品格树立了方向标。

家庭是学生成长的"基地",小学生的品格在很大程度上往往由家庭耳闻目染而渐成。

因此,小学生的品格需要从教育(社会)、学校、家庭等维度来考虑建构和培养。

二、小学生心理及品格的特点

品格，虽为个人所有，但处于同一个年龄段，也许会有共同的特点。

年龄视阈中的品格，带有这个年龄段的特征，形成了这个年龄段与其他年龄段不同的情形。

小学生品格，是处于这个阶段的道德、人格、品质的集中反映，也是符合他们身心特点的具体表现。

研究小学生的心理及品格，了解小学生在这个年龄段形成的特点，这对于理顺头绪、梳理思路、研究对策是十分必要的。

（一）单纯性与幼稚性

由于年龄的缘故，小学生仍然处于儿童时期，只不过因为上学而显得大一点，其实小学低年级学生在行为上依然具有较重的儿童倾向。

因此，单纯性与幼稚性是小学生的突出特点，这倒不是他们的问题，相反是这个年龄段的必然反映。

很难说，单纯性与幼稚性是一种弱点，也不能说单纯就是狭窄，也不能说幼稚就是糊涂，应当以儿童的视角来公平、公正地看待这一重要特点。

儿童的单纯性，为品格底色提供了洁净的天地；儿童的幼稚性，为品格基色提供了培养的可能。

1. 单纯性

儿童因单纯而存在，因单纯而可爱，这几乎是大人的共识和共同感受。儿童不单纯的，这是少数，极为少见，也会因为过于成熟而让人不喜。

单纯性，是儿童尤其是童年时代一个普遍的现象，犹如一张白纸，没有笔墨，没有色彩，没有布局，简单得可以。

单纯性，表现为只认表面，不看实质，对事物停留于表面的欣赏，没有追根寻源的兴致；表现为只看一面，不看其他，只看到事物的一面，而没有看到其他的面甚至背面；表现为一时兴趣，难以保持，对事物的兴趣持续不长。

这种单纯性，在品格培养上既有好的一面，能画最美的图案，也有不确定性，底色打得未必牢靠。

不过，这种单纯性，既符合这个年龄段的特点，也使品格培养留有极大的空间。

2. 幼稚性

幼稚性，几乎成为儿童的底色，且被大人们广泛认同和感受。

说实在的，儿童不幼稚，也就不是儿童了。儿童的幼稚性与成人的幼稚是不能等量齐观、同日而语的。

儿童幼稚，可直达幼稚性，且不为人所诟病。这是因为：幼稚，正是儿童的天性使然，也是儿童的认知使然，更是儿童的程度使然。

儿童的幼稚，是一种天真，天真到无法想象；是一种可爱，可爱到无以复加；是一种无畏，无畏到无所禁忌。

不过，幼稚并不等于无知。幼稚，只是表明儿童在这个年龄段的心智远没有达到成人的地步，但他们是有自己的心智的。

幼稚性，对每个儿童而言，也不是一样的状态。由于个体的原因，这种幼稚的程度、形态和表现方式，还是各有其表，没有统一的样张。

正因为幼稚，儿童对品格的认知，开始的时候并无特别的概念，他们往往是从大人的行为中去感受的。也正因为幼稚，这个年龄的品格培养不可轻视。

（二）模仿性与冲动性

模仿性与冲动性，可以在儿童身上集于一体，表现得非常突出和鲜明，这就是儿童。

模仿，让儿童产生行动的欲望；冲动，是儿童迸发情绪的出口。

1. 模仿性

模仿，是儿童行为的重要特征；冲动，是儿童反应的普遍现象。

模仿，虽然是简单的仿照，接近模样的仿制，但其有时的确是儿童走进自然、走进社会、走进人间的一种合适的方式。

模仿，让儿童觉得可学，变得想尝试一切；模仿，让儿童觉得可用，变得想做成某一件事情；模仿，让儿童觉得可成，变得想成为一种现实。

模仿，同童年时代的认知相符，同童年时代的能力相称，同童年时代的力量相谐。

模仿，是儿童走向成长的必要一步。

2. 冲动性

与模仿相对比较接近的是冲动。冲动，与年龄有关，与脾气有关，与利益有关。

冲动，表现为对遭遇的激烈反应，对境遇的冲突对峙，对偶遇的过度反馈。冲动，往往与理智对冲，与冷静对弈，与沉默对抗。

冲动，往往因不快而激愤，因不适而愠怒，因不当而生气。这种不快，有的并非没道理；这种不适，有的并非没理由；这种不当，有的并非没缘故。

儿童的冲动，正反映了处于这个年龄段的不成熟、不圆润、不明智。

儿童的冲动，可伴有肢体语言、情绪发泄以及烦躁等表面状态。

冲动，也许正是暴露儿童品格弱点的时机，也是培养儿童品格的良好契机。

如果说，模仿还有值得肯定的地方，那么冲动就一点儿也不值得同情。

对儿童品格而言，模仿可用来导向榜样教育，而冲动则用来从反面告诫儿童行为的弹性必要。

（三）猎奇性与偏执性

猎奇性与偏执性，在儿童身上的反映有时并不一致。有猎奇性的儿童未必就偏执，而偏执性的儿童，有时会由猎奇而导入。

1. 猎奇性

好奇，是儿童的一大特点；偏执，是儿童的一大弱点。好奇与偏执，有时会在儿童身上同时出现，强烈的好奇心并不妨碍其顽固的偏执性。

猎奇是在好奇基础上的偏颇，有着极端的倾向性。好奇是瞪着眼的发现，猎奇则是睁大眼的执着。

猎奇,表现为对所热衷东西的百般溺爱,表现为对所钟爱东西的过分施爱,表现为对所感兴趣东西的过度滥爱。

儿童的猎奇性,与眼界不宽有关,与视觉狭窄有关,与了解缺少有关。

不过,儿童的猎奇,往往反映了儿童的兴趣、儿童的乐趣、儿童的情趣。

2. 偏执性

偏执,容易在内敛、闭塞的儿童身上反映出来,也比较易于在不和谐的家庭滋生。

偏执,对事物的看法比较极端,对不合胃口的东西比较抵触,对交往的弹性比较陌生。

偏执,发生在儿童身上,有主客观原因,既与自身的认知有限有直接的关系,也与自身得不到大人的有力庇护和温暖相关。

偏执的儿童,往往预后并不理想。

猎奇性,对培养儿童的品格有时会产生一些牵动作用,而偏执性正是需要矫正的。

(四)易感性与可塑性

易感性与可塑性,从心理特征上说,是一对兄弟。易感,容易被点到、被感受到,一句话,就是容易接受外部信息。而可塑,正是在易感基础上的自我建构,是对易感的正向回归。

易感性与可塑性,正是儿童时代的"农活",绝大多数儿童,都在易感性上出现"皮试"效应,在可塑性上出现"补充"效应。

1. 易感性

心灵再幼小，也是反应的载体。保持对外界的敏感，正是儿童保护自己的体现。

易感，说明反应系统很灵敏，说明反馈系统很机敏，说明反问机制很脱敏。易感的体质，有时为外界所牵起，有时为自身所撩拨。

易感，让生命的触角不再模糊，让心灵的摆渡不再迟疑，让体察的空间不再荒芜。

儿童的易感，使本能再次凝聚，使本色再次凝固，使本体再次活跃。只是，这种易感不过敏，这种易感不过分，这种易感不神经。

儿童的易感，正是儿童品格的"敏感期"，对品格的体验也许更为直率。

2. 可塑性

儿童，是任何可能都存在的"旺期"，体格的发育、心理的发育、智能的发育、情感的发育，都会呈现一个极度扩张的态势。

相对易感性的优势，可塑性更令人期待。

儿童的可塑，源于生长发育的自然规律，基于身心成长的内在需求，成于精神世界的日趋丰富。

儿童的可塑，给了自由更广阔的空间，给了生长更广阔的时间，给了培养更广阔的时空。

可塑性，为引导儿童预留空间，为指导儿童放置引擎，为护导儿童提供强力。

C

阅读与
品格篇

阅读，是生命之光；品格，是人生之舵
阅读，是生活方式；品格，是立身之本
阅读，是幸福开源；品格，是成功之道

阅读与品格，是人生发展的伴侣

一、阅读养成与品格塑造

　　小学阶段,我们更多的将养成教育作为培养孩子品格、提升学生素养的途径和手段。小学教育过程中,良好习惯的养成教育及"五育并举",构成较为完整的学校育人模式。

　　阅读,作为一个引领学生走向更广阔学习世界的活动,在过程中,激发兴趣,养成习惯,形成方法,提升能力,从而迁移、转化,逐步获得品格的发展,这一系列的养成教育的过程,将利于学生塑造积极向善、奋进努力的优秀品格。

(一) 阅读兴趣激发

　　兴趣是一种认识世界,渴望获得更多知识技能等的意识倾向。兴趣直接推动人们去寻求知识、钻研问题、开阔眼界,是学生获取知识的直接动力,也是一个人走向成才之路的一种高效催化剂,更是提升学生核心素养的前提和保证。正如杜威在"真正兴趣原理"中所提到的:"真正的兴趣应该是自我通过行动与某对象或者观念融为一体的伴随物。"因此,阅读作为一种活动,让学生在活动的过程中,通过自我行动的实践,随着阅读的发生逐步产生兴趣,慢慢地将阅读兴趣与阅读这件事融合在一起,促进学生认知及品格的正向发展,达到良性的循环。

1. 阅读兴趣——品格塑造的"加油站"

兴趣是孩子们求知的启蒙老师。在学生的小学阶段，由于其年龄特点和认知水平有限，兴趣会直接影响学习活动，直接作用于学习的能力。古往今来，不少有成就的科学家、文学家，他们事业的萌芽往往就来自儿童时代的兴趣爱好之中。

阅读，对每一个孩子来说最开始都是喜欢的，换句话说，就是都是有兴趣的。从英文词源上来说，兴趣这个词本身含有居间的事物的意思，是把两个远离的东西互相连接起来。在阅读活动与品格塑造这两者之间，兴趣这一"居间"就成了阅读发生与品格塑造之间的"加油站"。

在学生阅读的过程中，学生现有的能力及品格是生长过程的开始阶段，通过一系列的兴趣激发，达到的能力及品格的塑造是生长过程的目的和终点。兴趣对学生的生长发展起着重要作用，是学生顺利进行一项活动的持久推动力，并且是学生自发的而不是被外部灌输和强迫的。

阅读中塑造孩子的品格，从兴趣激发入手，为品格的塑造加油。

童园实验小学的"别样体育节，健康来生活"活动，极大地激发了孩子阅读的兴趣，在兴趣产生的同时促进品格的塑造。

低年级的小学生在老师的引导下自主阅读"身边的《黄帝内经》"，通过书本中漫画与文字相结合的形式，了解了"阴阳"并不神秘，体质的奥秘，以及我们的起居、饮食等知识。

中年级的小学生阅读了《经络的世界》，从书本中明白了外部世界的变化也会影响我们的人体。通过阅读，学生们了解到的不仅仅是一种中医学问，更是中华民族极其宝贵的非物质文化遗产。当小学生在做广播操动作不标准时，老师一个提醒，他们就会想起书中提到的舒展经络的重要性。

高年级的小学生跟着张博士乘坐《中医神奇快车》来到了古代，了解了古人是如何通过望、闻、问、切诊断疾病的。在日常生活中，孩子们开始有意识地观察自己舌苔的颜色，看到面色苍白的同伴，会主动询问其"身体是否不适"。孩子们不仅学会了观察，还会深入思考背后的原因。阅读使他们了解了中国的历史，感悟了中华文化，更激发了他们勤思好问的兴趣，这远比老师重复说教有效很多。

小学生还处于儿童时期，他们的心理和生理发育都很不健全。他们就像一张张白纸，纯洁天真，可塑性强，加以合理、正确的引导和激趣，孩子很容易形成正确的、良好的品格。激发孩子阅读的兴趣，循循善诱，为品格塑造加油。

2. 阅读兴趣——品格塑造的"催化剂"

什么叫"催化剂"？就是在化学反应里，能改变反应物化学反应速率且本身的质量和化学性质在化学反应前后都没有发生改变的物质。之所以将阅读兴趣比作"催化剂"，是因为在阅读过程中，兴趣的强烈与否将直接决定学生阅读收获的多少与深浅。拥有强烈阅读兴趣的学生，在接受并内化阅读知识与道理时将更快速，更具有自我驱动的内在动力。

在阅读的过程中，我们可以通过情境的创设、教育方式的变革帮助学生形成基于自身需求的强大阅读兴趣。杜威认为，教育唯一该做的事情就是创造适合学生发展的教育情境。让学生在情境中结合自己的经验或体验去开展阅读，激发学生阅读的动机，拥有进一步探索知识的兴趣，让学生释放自己的个性。如果一个孩子对阅读充满了兴趣，那他将会在兴趣的催化下全身心地投入阅读的过程之中，在阅读中塑造自己的品格。

比如老师推荐了名人传记《牛顿》，在思维导图的帮助下，孩子们顺利地了解了这个伟大的人。

读完《牛顿》，除了赞叹于牛顿天才的创造力，学习他非一般的坚毅刻苦外，老师还给孩子们介绍了我国的科学家华罗庚、钱学森，让他们了解老一辈科学家是在怎样的困难环境下坚持工作的。

通过这次阅读，孩子对历史名人很感兴趣，家长也加入到了阅读的队伍，向孩子推荐了《林肯传》等名人传记，孩子爱不释手，还经常带到学校去读。林肯前半生饱受挫折，但他永不言败，排除万难，终于成为美国历史上的伟大总统。枯燥的传记阅读因为有了兴趣的加持使得孩子的阅读收获成倍增加。在阅读的过程中，兴趣成了品格塑造过程中的"催化剂"，使得孩子们在阅读中的思想获得更有效率。

（二）阅读习惯养成

我国著名教育学家叶圣陶先生说过，教育就是使人养成良好的习惯。一个人的习惯和生活态度并不是先天决定的，而是在后天生活中逐渐养成的。这种习惯的养成就是指学生在家庭、社会和学校的生活中通过与他人接触、交流、沟通而逐渐形成，这种习惯是随着个人的经验和社会的变化而变化的。从教育心理学角度看，习惯属于学习活动的动力系统，对学习活动具有动力和调节功能。

课外阅读是学生的个性化行为，老师们在孩子的阅读习惯还没有完全形成时，让他根据自己的兴趣爱好来选择自己阅读的书籍，慢慢地有目的地引导孩子阅读一些精选的书籍。这样，很好地遵循了孩子的习惯培养规则。

　　课外阅读是一项艰巨的系统工程,需要长久关注,要积极地对这项活动进行干预,发现问题及时提醒,严格要求学生改正。阅读习惯就是这样经过长时间逐步形成的具有一定稳定性的行为,它一经形成就很难改变,它将为阅读者带来源源不断的财富。因此,培养小学生良好的阅读习惯对于他们品格的形成是非常有意义的。良好的阅读习惯,是打开通往知识之门的钥匙,也是满足孩子好奇心和求知欲的工具,更是让孩子受益终身的礼物。良好阅读习惯的养成过程也是孩子品格形成的助力途径。

1. 在阅读坚持中成习惯

　　一年之计在于春,一天之计在于晨。我们培养孩子亲近书本,喜爱读书,养成终身读书的好习惯,让阅读点燃智慧,让书香浸润心灵。晨读是一个增长知识、积累语言的大好习惯,长期坚持还可以增强孩子的语感。每天晨读,习惯就能成自然,时时读、处处读,养成良好的习惯将会受益终身。读书是心灵教育的中心,对所有学生都是教育的绝好机会。不妨让我们通过这样几个镜头,去感受阅读坚持中助力学生逐步养成好习惯的多种途径与方法。

榜样的影响——一次偶然的际遇

　　9月,我成了一名小学一年级新生,穿着崭新的校服,高兴地走进了教室。我识字量不多,所以平时不爱看书。一次偶然的机会,我路过高年级教室,看到哥哥姐姐们一个个捧着书本认真看,他们看得是那么专注,我小小的心灵被深深触动。回到教室,我也学着那些哥哥姐姐开始有模有样地看起书来。一天,两天……没过多久,我便也爱上了晨读的时光。

伙伴的启发——那段晨读的记忆

记得刚进学校时，我不太喜欢阅读课外书籍，为了能逃避学校每天的晨读，我都很晚到校。有一天，因为父母一早有事，很早就把我送到了学校，一踏进教室，我就看见好几个同学已经在座位上认真地阅读了。我看见小许同学看的书竟然和我书包里的那本一样，她看得津津有味，一会儿眉头紧锁，一会儿捂嘴偷笑，我心中疑惑起来：这本书真的有这么好看吗？于是，我也拿出自己那本只翻了两页的书认真看了起来，我发现这本书的故事真的很精彩，不一会儿就被深深地吸引了进去。正当看到精彩之处时，上课铃声响了，我只能依依不舍地把书放进了书包。从那天以后，我便要求父母尽早把我送到学校，这样我就可以每天早上和同学们一起晨读啦！时光流逝，我已经度过了三年的小学时光。在这里，因为我的坚持，让我养成了良好的阅读习惯。

师长的引导——手指下的坚持

走进校园，惊奇地发现这里有很多很多书，教室里、走廊上，就连楼梯拐角的地方也有，上面摆满了书，简直就是一个书的海洋，我高兴极了，看完一本又拿一本。上课时，班主任告诉我们看书时要仔细。一目十行，虽然没几分钟就能看完一本书，但是书里的内容肯定没看明白。晨读的时候，你也换书，他也换书，会影响大家阅读。老师还指导我们看书的方法——左手压书、右手点字，一字一句，把书里的每个字都看得仔仔细细。在老师的细心指导下，我越来越能明白书里讲的意思了，我一定会坚持，让手指下的一个个字变成我自己的知识和本领。

书籍的力量——早晨的"黄金屋"

进小学前，我喜欢看书，可我喜欢看的只是书里色彩缤纷的图片，妈妈总不允许我只看图片,要我好好看字,她说"书中自有黄金屋,书中自有颜如玉"。可是"颜如玉"是谁呢?书中哪里来的"黄金屋"呢?我百思不得其解,越发对文字抵触。进入小学后,老师每天早晨都陪着大家阅读,跟着大家的步伐,我第一次开始正经地翻开带去学校的《大英儿童漫画百科》,认识了一个叫孟德尔的博士,他总是笑眯眯的,我跟着博士进入了人的身体,第一次直观地看到了心脏、胃、大肠!渐渐地我迷上了每天跟着博士步伐穿越着,认识各种植物和动物。我们成了形影不离的好朋友,每天都期待着下一个去到的地方。这时我好似明白了黄金屋的意思,它或许是一列车,搭上这列车就能遨游世界。坚持阅读真是件有趣的事啊!

2. 在阅读互助中成习惯

读书的形式有很多种,可以是一个人读,可以是跟老师一起读,可以是和伙伴一起读,还可以是不同年龄段的孩子一起进行的混龄阅读。阅读互助的好处有很多,同年龄的伙伴之间可以互相分享互相交流,混龄阅读带给不同年龄段的孩子的益处也是不同的。对于高年级的孩子来说,跟低年级的弟弟妹妹们在一起,他们俨然是一个个小老师,能为弟弟妹妹讲故事可是一件了不起的事情。弟弟妹妹们更是对哥哥姐姐羡慕不已,听得认真极了,他们也想像哥哥姐姐那样,会讲那么多好听的故事。互助本身就是一种健康的生命观,是一种向善的精神样态。通过阅读,在阅读的平台中提供给孩子们可实施互助的机会,是实现阅读活动育德价值的有效体现。在实践的过程中涌现出了许多精彩例子。

别样的阅读体验

混龄阅读开始了,我们排好队来到阅读室,环顾四周我看到高年级的哥哥、姐姐们已经拿起了书本正在阅读,我也走到书架前,拿起一本

《甜草莓园》认真地看了起来。还没看到第二自然段，我就发现看不太懂，刚想放下书本，这时，坐在旁边的大姐姐，似乎感受到我需要帮助，说："看《橘子姑娘》呀！我也看过这个故事，是不是有疑惑呀？"我红着脸，不好意思地说："嗯，要找橘子姑娘，要看金子的心肠，这几句话我不太懂。"大姐姐说："不要纠结一字一句的磕绊，先阅读一遍，就会豁然开朗。"我按她的方法，继续阅读。终于我读完了，就对大姐姐说："看完整个故事后，我好像明白了之前不懂的句子。"大姐姐耐心地说："是的，阅读需要毅力与恒心，读书的乐趣往往会从磕绊和曲折中获得。"我欣然地点点头，心想：大姐姐的知识真丰富呀！混龄阅读让我领会到阅读的技巧和意义，让我的眼界更加开阔，希望下次阅读活动快点到来。

"我的学习小榜样"

步入二年级，终于盼到了混龄阅读活动。我们和高年级的同学一起来到了阅览室，我挑了自己喜欢的书看了起来。不一会儿有个姐姐在我旁边坐了下来，她微笑着问我："今天你看什么书呀？""《爱丽丝梦游仙境》。"我回答说。我发现她看书可真认真，全神贯注。我也要向她学习，于是赶紧读了起来。活动最后姐姐问我："你最喜欢爱丽丝什么？"我说："她是个很了不起的女孩。""是呀，她善良勇敢而且又聪明，我们都要向她学习。"姐姐笑着说道。美好的时光总是这么短暂。我现在慢慢体会到了混龄阅读给我带来的快乐。我不仅认识了新的朋友，还分享了读书的乐趣。在阅读过程中我有了自己学习的榜样，我们一起学习，一起成长！真心希望下次还能遇到姐姐。

温故而知新

今天是周二，又轮到我们班到"趣阅坊"看书，我拿起一本《我和狮子爱尔莎》津津有味地看了起来。这时,一群一年级的弟弟妹妹在老师的带领下也走进"趣阅坊"。"大家注意了,一年级的小朋友如果有不认识的字或者词可以请教哥哥姐姐们……"老师的声音响起。我们点点头,又各自沉浸在书的世界里。"哥哥,这个词是什么意思?"一个怯声怯气的声音打断了我。我定神一看,原来是个小妹妹坐在我身旁,她大大的眼睛忽闪忽闪地看着我,期待着我的回答。我沉思了一会儿说:"风雨同舟,是一个成语,指在狂风暴雨中同乘一条船,一起与风雨搏斗,比喻共同经历患难。"小妹妹听了点了点头说:"这个词有什么故事吗?""春秋战国时期,吴越两国连年交战,一次两国的老百姓同乘一条船渡河,途中遇到狂风,他们齐心协力……终于安全到达对岸。"我绘声绘色地娓娓道来,小妹妹听得入了神。"哥哥,你知道的可真多啊……你还可以给我讲讲其他的吗?""程门立雪、闻鸡起舞……"不知不觉中,上课铃声响起。今天我们的共同阅读,让我也收获颇多,不仅教会了妹妹很多成语,自己也重温了精彩的成语典故。混龄阅读,不但增进了不同年级学生间的友谊,还让我们在互动中学会合作与交流。

不学不成,不问不知

一次周二中午,和我一起看书的是一位二年级的小女孩。她圆圆的脸上有一双大而有神的眼睛、两条微微上翘的眉毛,她的嘴角总是挂着微笑,我给她取了一个外号——小问号,因为她可是一个"好奇宝宝"。小女孩的问题可多了,上自天文,下至地理,所有一切仿佛都会引起她的好奇。我刚回答完一个问题,另外一个又像水泡一样冒了出来,让我应接不暇。又是一个周二,我和小女孩在阅读室里不期而遇了。我扶着额头打了个冷战,心想:今天女孩又要"十万个为什么"了吧! 只见女孩双手宝贝似的捧着一本笔记本。她一见到我就满脸微笑,兴奋地把本子塞进了我的怀里,开心地说:"小哥哥,我找到答案啦。"我疑惑地翻开了小本子,当我看清楚内容时,我的内心像打翻了调味罐一样——五味杂陈。我看见本子上记录的正是上一次她问我的那个问题的答案啊,而我清清楚楚地记得当时我的回答是——不知道。我的内心复杂极了,有对女孩给予我的信任与她乐于分享知识的感动,更有对小小年纪的她好学好问,那执着探究精神的敬佩。我顿时感悟到我们开展混龄阅读的意义,原来不仅在于高年级对低年级同学在阅读上给予帮助,这更是一种阅读精神与乐趣的相互传递与分享。不学不成,不问不知……

3. 在阅读分享中成习惯

培根说过:"如果你把快乐告诉一个朋友,你将得到两个快乐,而如果你把忧愁向一个朋友倾诉,你将被分掉一半的忧愁。"分享能带给人们精神的充实与快乐。这是在告诉你,当乐于分享成了习惯,生活将会变得更有乐趣。对于阅读过程中的收获与成长,比如你学会了什么技能,你获得了思想上的哪些成长,等等,需要你把自己的心得总结并传授给他人,让别人能听懂、认同、运用,这样才能检验你的认知是不是真正可复制的有用经验。同时,能够真正让他人明白的道理也才能算是属于你的正确认知。因此,这就需要在阅读分享的过程中逐步形成自我反思、自我修正的习惯。

在童园实验小学,有这样一本孩子们自己的书——《童园童言》,这是一本可以让全校同学一起分享自己阅读收获的美文集。我们创设互动交流的平台,孩子们积极参与其中,不仅让他们学会合作、学会坚持、学会分享、学会克服重重困难,也让他们在童园留下了自己成长的足迹。孩子们的思想互相分享,激励着一个又一个童园学子为自己平凡而远大的梦想努力拼搏。在每一次《童园童言》诞生的过程中都伴随着孩子们德行的发展与成长、能力的提升与进步。

分享坚持的感动

开学了,摸着新发的《童园童言》,最令我惊喜的是,我的阅读体验《我的坚持》被收在了这本书里。我美滋滋地把书放进书包,回想起在写这篇阅读体验时的一幕幕。那天,我想把自己阅读后对于"坚持"的思考写出来,但是要从哪里开始写呢? 爸爸眯着眼问我:"到现在,你坚持做过最久的事情是什么呢?""练琴。"我答道。妈妈顺着我的话题问:"你还记得都去过哪些地方演出吗?"我开心地说:"在大剧院参加过曹鹏爷爷的慈善演出,在大家面前表演,有点紧张,也很光荣!"妈妈说:"你看,你台上一分钟,台下十年功! 你之所以有演出时的光荣,就是因为你坚持时付出的努力!"我恍然大悟,说:"对啊,如果把这些经历和感受结合自己的阅读内容写下来,分享我在坚持中的付出与荣誉,一定会得到很多小朋友的共鸣!"今天,我又从书架上拿出这本书,翻到这一页,印在纸上的字仿佛还在闪闪发光。我默默地想,我应该记住坚持带来的感动,把"坚持"变成我做事的永恒动力!

"我最知心的朋友"

不知什么时候起,《童园童言》每天陪我一起入睡,它俨然已经成了我最好的朋友。每次翻开的时候,都会有新的感悟。有一次,我数学考试考了班级倒数第一,面对家长的责骂,我每天情绪低落,总觉得自己比不过别人,甚至到了失眠的状态。有一天晚上,我躺在床上,辗转反侧,无法入眠。无意中摸到了我的"朋友"——《童园童言》,我立刻翻了起来。一翻就翻到了我们班小乐写的《放下》,我深受启发。小乐同学能放下仅以两票之差竞选大队长失败的结果,依然每天别着中队长的标志乐呵呵地收发作业本,依然笑眯眯地帮助着同学们。我也不能老是拘泥于这次考试,应该放下沉重的思想包袱,奋起直追! 心里的愁结打开了,我睡得特别酣甜。心态好了,学习就变得不那么难了。接下来的考试成绩有了很大的进步,虽然没有名列前茅,但也算是稳步提升,微笑重新回到了我的脸上。谢谢你,《童园童言》,是你让我调整了心态,获得了成长,你是我最知心的朋友。

思考成习惯

在三年级时我看到了《童园童言》这本书。它真实地记录着我们的生活、学习、困惑和成长。书中告诉我们什么是宽容,什么是助人为乐,什么是共同分享,什么是亲情无价……读起这本书仿佛一切就在身边,有一种身临其境的感觉。我暗下决心,也一定要投上一次稿,让自己的思考也能成为同学们一起讨论的话题。从那以后,我时时都在观察,处处都在思考,有时还会因为阅读中的一个问题和同学老师争论半天。有一天,妈妈对我说:"这一次的《我的体育梦》这本书不是要出版了吗?结合你的阅读内容,再加上你暑假学游泳怎么从不会到会的过程和心情,你肯定能把自己的感悟写得很生动。"我想:对呀,只要写出真情实感,一定会成功。我重拾起信心,把文章改了又改。终于我的文章在2017年12月被刊登了,我欣喜若狂。文章发表后,还经常有同学找我交流他们阅读后的想法,慢慢地,我发现思考已经成了我的一种习惯。

有梦想,更要有行动

《童园童言》迄今已出了六本,每一次我都积极参加,也精心准备,但是却一次也没成功过。这次《童园童言》的主题是——阅读《马云传》后画一幅思维导图并且写一篇名言感想。这对大家都是一个全新的尝试,我的内心又泛起涟漪,这次这么好的机会我为什么不再试试呢? 我把这件事情告诉了爸爸,爸爸笑着说:"梦想是美好的,但是如果不付诸行动,那梦想终究是一个美好的幻影。"我好像明白爸爸的意思了,梦想的实现不是光嘴上说说,我要为自己的梦想再努力一次。双休日,我来到了书店,寻找着关于思维导图的书籍,回家后我和爸爸共同上网寻找制作导图的素材,同时又花了两周时间边读边在书上做批注。书读完了,思维导图也在我脑中构思好了。这次无论是否能成功,我都没有遗憾,因为我为我的梦想而努力过。

新的一期《童园童言》终于出版了。我迫不及待地翻开书本,当我在书页上看到自己的文章和名字时,我激动得眼泪都在眼眶中打转。我成功了,那种感觉太棒了。无论梦想与现实有多大的距离,无论梦想的实现有多么艰辛,我们一定要脚踏实地,用自己坚韧的毅力与顽强的信念一步一个脚印地向前迈进,这样我们才能离梦想更近。

(三) 阅读价值引领

随着课程改革的不断深入,PISA 测试理念越来越深入人心,更多的学校和教师对学生阅读价值的认知不断加深。无数学校投身到阅读的实践之中,有些学校将阅读活动作为办学特色加以打造,有些学校以阅读作为驱动教师参与课改的杠杆,有些学校借助社会、家庭、公益性第三方机构等拓展阅读的时空……这些实践的经验与智慧,最终都成为学生在阅读中收获与成长的力量。

但是,在学校阅读蓬勃发展的主流之下,阅读的开展仍然存在诸多挑战。缺少对阅读方法的指导,使得学生只是把阅读的目的定位于写作,单一的活动形式使学生对阅读产生了心理负担,缺少阅读的自我主观动力。同时,阅读明理与多元价值观之间的不一致性,也给阅读带来了不小的挑战。

借助阅读的养成教育,信奉阅读的价值,正视阅读的挑战,构建阅读文化,努力"让阅读随时随地发生"。更为重要的是,聚焦阅读中学生价值观的塑造与生长,开展"引领式"的价值生成。即在阅读活动中,借鉴价值澄清的理论,创造条件,利用一切有效途径和方法,引领小学生形成正确的价值观,进行正确选择并付诸行动,以促进学生的品格在阅读价值引领下获得有效的养成。

1. 开展价值"引领式"阅读的基础

每一个孩子都有一个独立的心灵世界,每一个儿童都是德行优良的种子。"知识与技能""过程与方法""情感、态度、价值观"共同组成了小学阶段课程实施的三维目标。阅读作为培育小学生品格和价值观的有效途径,它既是落实落地社会主义核心价值观的践行过程,又是培育小学生核心素养的关键活动,还是促进小学生自主教育和个性发展的优质载体。

阅读可以实现自我教育,一是触发自我思考;二是促动结交优秀的书友,互相学习。阅读是最好的自我成长的方式之一,是即使现实条件不具备也可以随意与优秀的人交流思想的办法。

同时,学生的个性化发展在阅读中也得以实现。在阅读中,不仅仅是学生品格的成长,更多的是去发现、去探究的科学行为的起步,去感受、被熏陶的艺术教育的接受,促进了学生的社会担当意识的形成,也实现了对学生的全人教育。

2. 探索价值"引领式"阅读的实践

价值引领,关注学生价值观获得的方式与过程。阅读中的价值引领，即指学生通过阅读发现问题，在个体反思和团队思维碰撞的价值引领过程中不断思辨，加深认识，澄清自己的价值观，帮助学生提升自我价值的判断力、选择力和执行力，并通过学会求大同存小异，学会共性与个性的共同成长。

价值"引领式"阅读是学生品格养成的过程，满足了学生对核心价值观产生共鸣的要求，关注了学生个体需求的价值判断与选择，既引导学生对社会主导价值观的认同，加深对正确价值观的认识，又关照和发展学生的道德判断能力与选择能力，让学生在获得价值成长的过程中，也能获得思维的成长。

价值"引领式"阅读的过程基本上有这样五个步骤，以指导学生在阅读中实现心灵对话，激活践行正确价值观：寻找阅读中价值认同的冲突点，搜集支撑价值认同的现实依据，组织不同认识的思想碰撞，引领形成正确价值观的再认识，鼓励正确价值观的自我践行。过程中期待学生内化的正确价值观与学生的外显行为表现呈现较高的一致性，以发挥价值"引领式"阅读在品格养成过程中的作用。

3. 发展价值"引领式"阅读的路径

从实践层面来看，对学校阅读开展的绩效影响的较大因素，包括学校文化环境的影响、教师专业素养以及家校的配合等。

首先，是学校文化环境的促进。建设开放的阅读环境，即建立随处可见、随手可取、随时可读的校园书籍环境和教育氛围，为学生随时随地的阅读提供基本保证，让学生浸润在书香之中。

其次，是教师引导角色意识的外显与隐藏。在价值"引领式"阅读的教育过程中，教师承担的是一个引导者的角色，而非一个单纯的教导者。教师承担着从阅读开始时的启发引导到过程中的点拨、纠偏，再到阅读结束时的总结、扩展，这些都是显性的角色在发挥作用。然而在过程中，教师还应该隐蔽自己的教育意图，启发引导学生，转化成教育对象自己的内心需求，让学生有更充分的联想与思考空间，从而帮助学生发展出严密的思维能力、价值判断以及哲理性的表达。

第三，是家校的一致性。价值"引领式"阅读中，孩子需要的是启发，而不是灌输。作为父母的使命是促进孩子用自己的力量去思考和解决问题，而不是给出唯一的标准答案，代替孩子去思考。父母之间、父母和孩子之间、父母和学校之间、父母和社会之间都要保持价值观的一致性。在阅读开展的过程中，对于阅读这艘"船"最终将要到达的终点的认识应该是一致的，同时，在这个航行的过程中，在风浪的洗礼中，也应该保持正确且理性的价值判断。这样才能有助于学生在价值"引领式"阅读的过程中最终形成正确的价值认知。

我曾执教过《爱心树》一书，围绕此书开展的阅读活动就是价值"引领式"阅读的一次实践。整个阅读活动体现了以下三个特点。

一是凸显了阅读价值的引领，在阅读中渗透了品格的养成。植根于阅读的引领式价值澄清，为学生提供了来自阅读体验的间接经验。这些间接经验就是通过阅读所看到的故事情节、人物角色留给学生的印象。通过阅读这一活动方式，学生将当下和过去的经验、道德的情感、道德的思维建立起联系，呈现了一条综合的有效的品格养成的道路。

二是强化了学生的自我教育。在当前这个价值观日益多元的社会里，很多时候不是单纯的对和错的问题，而是在看起来都可能对的价值观里面做选择的问题，也就是阅读过程中的"选择"。倾听学生"选择"的同时，就是倾听他们内心的成长需求。通过让学生自觉地辨别成长过程当中所发现的、所困惑的、所思考的价值追问，来唤起学生自身成长的意识，是一种品格培养的智慧。

三是体现了教师的引领作用。阅读中的价值观冲突点来自教师在学生阅读日记中的发现。班级学生在共同阅读了《爱心树》之后，以阅读日记的形式记录了自己的阅读感受。在交流的过程中，教师发现了对立的价值观即"要不要'树'这样的父母"。这是一个能够激活学生倾听家长心声、理解家长行为的切入口。教师以此作为突破，很好地体现了教师在引领学生理解成人世界、理解成人行为过程中的作用。

阅读养成与品格塑造，有着内在联系和互相的影响。

阅读，是认识自然、社会的过程，也是认识自身、发展自身的过程。阅读的过程，不仅有认知的功能，也有觉悟的功效。

阅读养成，形成一种学习态度，形成一种生活方式，这不仅是对自身阅读的建构，也是对人的品格的建树。

品格塑造，需要阅读的营养。品格的形成是内外结合的产物，也是对阅读消化的结晶。品格的"钙质"，需要由阅读提供"元素"。因为品格是需要文化滋养的。

阅读养成与品格塑造，是相辅相成的，养成阅读的习惯越早越好，那么品格塑造的内力和感悟就会越多越强。阅读养成与品格塑造，可以是同步的，也可以是交叉的，更可以是立体的。可以说，阅读正是品格的"母亲"，品格恰是阅读的"父亲"。两者完美结合，能产生人的一生发展的"家庭"。

二、阅读能力与品格发展

阅读能力,表现为面对阅读物的学习力、理解力、消化力、迁移力、转化力、实践力,是阅读驾驭的"能力链"。这个"能力链",不仅与阅读本身的能力相关,也与阅读者内在的判断力、思考力及其思想立场、品格倾向有关。

品格发展,是一个多元、多重的价值重构。品格发展,既依存于思想道德建设,也依赖于文化的多元汲取。

因此,阅读能力与品格发展,有着正相关的关系。

(一) 阅读能力于品格发展的意义

阅读能力是学生在阅读过程中的把握水平,这种把握水平与品格发展有关联。

1. 阅读能力的重要性

阅读能力的概念——阅读是读者从所看到听到的事物中获取信息、构建意义的心理过程。王荣生老师在《阅读教学设计的要诀——王荣生给语文老师的建议》中,将阅读能力等值为:阅读能力=生活经验+适当地运用阅读规则和策略。

据此我们认为阅读能力应该是阅读者结合个体生活体验,想象、联想、推测、概括等多种阅读策略参与,兴趣、意志、习惯等多种情感态度触动,以及精读、略读、跳读等阅读方法应用的综合能力。

阅读能力的重要性——国际阅读学会曾指出:"阅读能力的高低直接影响到一个国家和民族的未来。今天,对于以知识为基础来架构经济体系的国家和民族而言,有多少公民具备较高的阅读能力,是关系国家未来竞争力的重要指标,它决定一个国家所拥有的世界级工作者的质量以及在全球经济中的地位。"这段话给予了"阅读能力"极高的地位。换言之,就一个人的多种能力而言,阅读能力的高低直接决定了人的学习时空的长短大小、接受知识开展思考的多寡,也直接决定了个人终身发展的可持续性。

2. 阅读能力在品格发展中的地位

(1) 基础性

作为人类特有的一种学习行为和心智活动,阅读是人们走进知识宝库、提升智力水平、开阔人生视野、参与社会活动、提升思想境界的重要手段。阅读要能为品格发展服务,首要任务就是必须以"读懂"为前提。语文教育大家张志公先生认为:"所谓阅读能力,包括三个方面的因素,即理解、记忆和速度。"他认为高等层次的阅读能力是以读懂为前提的。这也很好地印证了作为育人媒介的"阅读",如要实现其育人功能,实现"情感、态度、价值观"的发展,充分地占有文本、深入地理解文本是一切行为的开端。阅读能力的高低是决定阅读者能否到达精神彼岸的渡船。

(2) 依赖性

《教育大词典》给予阅读能力这样的定义:"阅读能力是指完成阅读任务的复杂心理特征的总和。"从心理学的角度对阅读能力进行分析,

"阅读能力是阅读者运用自己的知识、经验顺利而有效地完成阅读活动的能力,是以了解文章意义为中心的一种复杂的心智活动"。美国教育学家特里·D.约翰逊认为,阅读能力包括:"译码(读者只是把读物上的印刷或书写符号译成口头的或相应的内心语言)、字义(读者只了解读物的字面意义)、表述(读者把自己的理解、感受、态度掺和进读物的内容中去)、评价(读者往往在读中或读后能够冷静、客观地审视自己的阅读心得和收获,表现出阅读的独特和明确的目的)"。综上,我们可以发现,在阅读的过程中,往往是在理解文意的基础上才会获得独特的,或是有助于心智发展的结果,因此,能否实现阅读育人,具有对阅读能力高低的依赖。

(3) 过程性

阅读是一个过程性活动。阅读能力的发展和品格的提升都是在活动过程中互相交织、逐步发生变化的。两者在过程中互相影响互相作用。比如,意志力就在阅读活动中起了非常大的作用。意志在阅读过程中主要表现为两个方面,"一是为了既定的阅读目标,而主动自觉地完成;二是为了既定的阅读目标,不怕困难和挫折,有不达目的不罢休的毅力"。阅读能力的提升过程,需要学生自觉地、有目标地阅读很多文章,也要面对很多困难,因此意志力成为学生阅读能力提升过程中必备的一种品格。

(二) 阅读能力的提升

阅读能力的提升,对阅读意识的强固、阅读习惯的坚持、阅读成效的获得都具有促进作用。

1. 用好教科书

统编小学语文教科书围绕"人文主题"和"语文要素"双线并进组织

单元,同时着力加强了单元内部的横向联系,使各个板块内容形成合力。但由于线性式课堂传统教学的惯性,常见文本内容与教师的教学方法实施错位,单元语文要素落实训练单一、越位甚至缺失,教与学、知和行存在脱节或断层等。因此,遵循统编教材的编写思路,需要在实践中重视单元的概念,统整单元的文本素材,通过有效的教学策略实施,提升学生的阅读能力。

——关注单元整体架构,解析单元教材内容间的关联。

(1) 单元结构解读

以单元为核心,深度解读单元结构是实施单元教学的基础。比如,统编小学语文第六册第五单元,它在阅读与习作上双向聚焦。单元的核心语文要素是"走进想象的世界,感受想象的神奇",习作要求是"发挥想象,写故事创造自己的想象世界"。单元的导语、精读课文、交流平台、初试身手、习作例文和习作六个部分组合起来,从语言的输入到输出,从阅读方法的习得等都是围绕"想象"这个主题词展开,成为一个"套餐式"的单元体系。

编者利用递进式的单元结构编排,从精读课文入手,旨在让学生在阅读中学习表达方法,顺着课文的思路发挥想象。从学生的学到用,将想象的每个能力训练点在每一课中逐步渗透,学生做好充分准备,每一项都指向核心目标——表达,旨在通过搭建支架、阅读提炼、理解运用,提高习作能力。

(2) 单元文本解读

要弄清楚"教什么"和"怎么教"的核心内涵,就要在解读单元文本时运用单元的概念。

比如,统编小学语文第六册第五单元中的《宇宙的另一边》和《我变成了一棵树》是该单元安排的两篇精读课文。

《宇宙的另一边》，写了一个聪明的小男孩对浩瀚的星空产生了浓厚的兴趣。他反复地思考这个问题："宇宙的另一边还有另一个'我'吗?"在"我"无尽遐思中，宇宙另一边的一切都倒过来了：太阳从东边落下，雪是在夏天下的，连石头都有生命，还能像人一样行走……在语文课上，"我"继续遨游在自己的想象之中，还在课后给大家讲了关于习作的妙文。这么神奇而有趣的秘密世界，都是以"想象"的方式到达的。

《我变成了一棵树》，讲述的故事内容是一个叫英英的女孩想要变成一棵树，因为她不想停止玩耍。英英变成的树，非常奇妙，各种形状的鸟窝都"长"在树上，小动物们轻而易举就能上树，连妈妈也在傍晚的时候爬到鸟窝上来，分发好吃的给小动物们。最令人感到惊奇的是，妈妈竟然知道这棵树是英英变的，还对她眨眼睛呢。整篇文章是以打破传统的形式来拓展想象。本文中的所有虚拟物体都是通过"树"连接起来的。

这是一种常见的根植于非人世界的想象，读后令人回味无穷。

在这两篇精读课文中，不管是《宇宙另一边》中充满无限遐思的"我"，还是《我变成了一棵树》中进行了"超级变变变"的"我"，在作者笔下构建的想象的世界，能打破时间或空间的束缚，到达儿童心目中理想的国度。仔细研读这两篇精读课文，不难发现统编教材在儿童的情感认知方面下足了力气，精心挑选了充满语言张力的文学作品，去浸润儿童如"金子般"的质朴心灵。

——关注单元语文要素，以发展思维为核心落实教学策略选择。

在单元统整的过程中，教学策略的选取是决定教学效果的重要方面。在选择的过程中，关注如下两点：一是能更有效地促进语文要素的落实，二是在教学过程中充分提升学生的思维品质。

（1）把脉学情，对症施策，以学定教

在整合教学内容的选择上，采取"以学定教"的策略。比如，在上统编小学语文第六册第五单元前，为了"摸清底细"，给每个学生布置了一篇以"想象"为主题的习作任务。在收上来的 100 多份作业中，发现文章的整体逻辑性和语言表达方面做得相对较好，而展开"想象"，即学生的发散性思维表现存在问题。

排摸学生的学情，为我们在单元整合课文的精准把握上提供了客观的支持。我们在备课的过程中，本着"一课一得"的授课原则，在提升学生"发散性思维"方面下功夫。

（2）打破常规，拓宽维度，学练结合

大胆想象，能让想象的起点从现实走向虚拟。曹文轩曾这样谈儿童想象："要写没有发生或不可能发生的事，即能'无中生有'。"发散性思维培养的课堂，首要任务是巧妙地把儿童带进一个"没屋架梁"的虚拟世界，让其真切地感受想象的奇特。既然如此，我们要怎样才能通过单元统整，把他们带入想象的世界呢？

结合单元板块中的"初试身手"环节进行整合教学，在学习文中作者如何"反着想"后，趁热打铁，及时检验学生是否真正掌握"反向思维"的方法。"想象号"列车开到了"颠倒村"，一切都是反着的，在那里小牧童又会有什么样的奇遇呢？让学生沉浸在"想象号"列车行进时的畅快想象之中，充分运用之前文本学习中收获的"反着想"的方法，他们连着说了一长串奇思妙想，连接着日常生活与想象，培养非同一般的感受力，这是一种丰富的感觉和深刻思想的结合。用"反着想"这样的好方法，让现实中无法见到的场景，在想象的世界，就能轻而易举地实现。

（3）基于生活，启发想象，求同存异

语文教材中质量高、语言美的课文都是学生发展其语言的典型范文。生活是想象的基础,想象源于生活又高于生活。

　　还如统编版小学语文课本第六册第五单元中的两篇文章,在选材上都注重了生活中的常见事物,如宇宙、自然现象、石头、大树等,都通过各种形式的"变化",将我们带入美好的想象世界中。在两课对比教授的过程中,采用了这样的方式:读读、想想、悟悟、练练。这样做的价值有二:一是读与想结合,充分感受文字所呈现的画面,形成形象感;二是通过对比,悟出文本所呈现的共同方法,进一步引导学生初步体会想象的神奇,明晰想象的方法,在教学时我们让学生反复朗读、表达、移情、共情进而加深体验。

　　比如,在《宇宙的另一边》一文中,"加法是这样的,大地万物加上一场大雪等于一片白茫茫,等于无数孩子的节日。乘法是这样的:'早春二月'乘'竹外桃花三两枝',再乘以'春雨贵如油',等于'春风又绿江南岸',又等于'碧玉妆成一树高,万条垂下绿丝绦',还等于'儿童散学归来早,忙趁东风放纸鸢'。"在想象的世界,语文课也能变成数学课,数学也不再是简单的数字与数字的叠加,它变成了诗句与诗句的累加、场景与场景的叠加,文本中语言的张力十足,想象离奇又不失合理性。

　　而在《我变成了一棵树》中的那个"我",正在树下玩耍不想吃饭还想痛痛快快地玩,就把自己变成一棵树。"我"的想象力起源于"我"身边的那棵树。由此类推,引导学生意识到想要实现自己的想象,可以从身边的事物出发,运用想象,变成自己想改变的样子。

　　课堂中好玩儿的情节随即发生,学生利用"变形"的方式,把自己变成有情感流露、有思想和灵魂的自然之物,形象感异常丰满。

　　(4) 关注人文,注重审美,对比提升

　　《宇宙的另一边》,那个充满天马行空式想象的男孩从"倒影"出发,反着想,由此,他发出了一连串的追问:宇宙的另一边是不是也有另一个"我"？他在写作业吗？我从书包里拿书,他是不是正把书放回去？我上楼的时候,他是不是在下楼呢？心思细腻的作家陈诗歌将目光聚焦在人的本性上,通过对儿童天真烂漫的想象,字里行间渗透着自己的哲学思考,在宇宙的另一边,在那个看似"熟悉"的场景下,对"我是谁"进行了特别的追问。

《我变成了一棵树》描绘的是天性浪漫、调皮爱玩的孩子的世界。文中的主角不仅有英英,还有一个重要的描写对象：她的妈妈。不管英英怎么变,她的妈妈最终都发现了她。在这一逻辑中,英英想象的展开与妈妈的行为紧密相关。

在段落间的对比教学中,学生重新感受到不同文本的情感内核,初步认识到大胆的想象可以使其所创造的故事更为神奇,充满趣味性,意识到通过想象,传达出的那份温柔的"爱",是一个优秀的想象故事的"灵魂"。

通过上述案例,在单元视阈下用好教科书,我们不难发现,通过有效的单元整合,可以实现单元整体观照,使教学具有完整性,实现教学资源融通共享,通过相关教学策略的正确选择,实现课堂中学生阅读能力的有效提升。

2. 做好练习"题"

小学语文统编教材中的"语文要素",包括必要的语文知识、必需的语文能力、适当的阅读策略等。每个单元的语文要素都是环环相扣的体系结构中的一环。单元内的课文学习是语文要素得以落实的有效途径。因此,教师需要努力探索和实践如何让语文要素的习得自然地、趣味地、及时地、有效地发生在课堂教学的过程之中。

——有效学练结合的想法缘起。

阅读是搜集处理信息,认识世界,发展思维,获得审美体验的重要途径。学生通过"阅读"这一个性化行为,能培养感受、理解、欣赏和评价的能力。在众多学科中,语文教学承担了训练并提升阅读能力的主要责任。

但是,在实践过程中,我们发现,35分钟的课堂教学中基于语文要素落实的练习不足,以至于无法帮助学生很好地形成相关能力,单元目标达成有欠缺。

比如,在较多的情况下,课堂教学缺少练习,很多课仅仅停留在方法讲授的层面,感觉是教了阅读方法,但是学生掌握得怎样不得而知。还有些语文课上成了故事内容串讲课、故事情节演绎课,重内容、轻方法,重讲授、轻训练的教学方法,使得一节节课过后,学生收获的仅是概念性的知识,或者是仅在他们自己已有的认知上的原地踏步。

再比如,我们分析了教材中的练习设计,大部分练习能反映单元目标中语文要素的要求。但是,练习内容少,如果希望通过课堂教学来落实语文要素的习得,就需要在教材练习的基础上进一步进行练习的补充和拓展,以达成能力的提升。

还比如,有些课堂教学中有一定量的练习设计,但是,操作的过程比较机械,学生无兴趣,当阅读的主观意愿低下的时候,阅读能力提升就成了空谈。

基于上述,为了鼓励引导学生进行自主阅读,为学生的阅读开展扫清障碍,使之能深切地融入文本,去探究、理解、感悟,获得阅读的个性化体验,并在阅读能力上得到提高,我们提出了基于语文要素习得,在小学语文阅读教学中开展有效学练结合的想法,以求初步形成适切、适度的练习内容及相关策略。

——有效学练结合的实践策略。

阅读教学的目的并不是单单用来帮助学生应付考试,而是用以提升学生真实的阅读能力。然而,这一能力的收获如何,往往缺乏及时的检测,这里的"检测"也就是本文中所提到的"练"。因此,并不是阅读教学的效果优劣无须检测,而是,如有科学设计的训练则可以促进阅读教学的良性发展,提高阅读教学的效率。

在课堂实践中,我们引领学生解读文本,过程中留出一定的时间给学生进行相关语文要素习得的训练,这样,就直接把学生习得后存于脑海中的想和说转化成了可见可评的有形文句。阅读能力的提升获得了经常性的"外力"干预,有助于阅读方法习得这一"过程技能"在"练"中获得知与行的统一。

(1) 关注"要素习得",优化练习内容促"有效"

基于语文要素习得的阅读教学应该增加用于"练习"教学的时间,建构"读"与"练"的并重,努力做到言意兼得。因此,练习内容的选择需要关注"学了什么",并在"类文训练"上做文章。

以统编教材第六册第四单元第 15 课《小虾》为例,这是一篇写小虾生活习性的文章。通过作者观察小虾吃食、打架等细节的描写,突出了小虾有趣、脾气不好两个特点,抒发了作者对小虾的喜爱之情。"借助关键句子来概括一段话的主要内容"是这个单元需要落实的语文要素。

可以说,学练结合实践的效果如何,与文本选择的合理与否有着密切的关系。这里的"合理"指的就是在符合年段特点的基础上,是否能为语文要素习得发挥作用。

我们根据单元语文要素的落实需要,选择了与《小虾》一文在表达方式上类似的《白鹅》一文的片段。两篇文章都是描写了经常能看见的极其普通的动物,符合人文主题的需求;也都是采用了先概括后具体的方法来进行表达,这有利于学生在初步掌握了"借助关键句子来概括一段话的主要内容"的课内习得基础上,再通过"读"→"找"→"画"→"议"这一组阅读方式来进行拓展训练;还都运用了细致生动的描写把动物写具体,这利于激发学生阅读的兴趣,使类文的拓展符合学生的年段特点。阅读文章浅显易懂,作为夯实语文要素落实的拓展材料,在课堂实践的过程中是符合学生的学情需求的,也很好地落实了当堂巩固要素习得这一学习的需要。

因此,明确要求,在关注"要素习得"的基础上,优化练习内容的选择,将拓展文本的使用与教材结合为一个有机整体,通过有指导的阅读活动,让学生通过探究,在发现、形成、理解、练习的过程中,逐步形成迁移的应用能力,并达到精熟的水平,是学生阅读能力提升的有效过程,是我们在实践中获得的经验。

(2) 关注"合理布局",优化练习时机助"有效"

"就文取材,合理安排练习机会。"在学练结合的实践中,我们努力思考练习的最优插入时机。此处的"最优"指的是"恰到好处"。就是在学生有需要巩固所学的时候,我们适时地安排练习。

比如,统编教材第十册第五单元的语文要素是"了解人物的思维过程,加深对课文内容的理解"。《现代汉语词典》中"思维"的定义为"在表象、概念的基础上进行分析、综合、判断、推理等认识活动过程"。这一单元课文中的人物思维过程就是人物为了达成某种目的,然后根据自己看到的、听到的、感受到的做出判断和推理,从而制定解决的策略。

《田忌赛马》,是该单元中的一篇精读课文,安排 2 教时完成。在用 1.5 教时完成教学后,教师补充了《围魏救赵》一文,要求学生完成相关练习,以此来检验课堂中语文要素落实的效果。

《围魏救赵》,讲述的是战国时期,魏国攻打赵国,赵国向齐国求助。孙膑因势利导,避实就虚,直逼魏国都城,并在桂陵设下埋伏以逸待劳,最后大败魏军,解救赵国的故事。文中的主人公、文章的表达方式以及人物思维过程的体现同课文《田忌赛马》极其相近,是非常合适的类文阅读内容。

根据课堂教学中习得的对人物思维过程进行分析的方法,让学生阅读《围魏救赵》,并请学生完成如下问题:请从文本中找到关键信息,将人物的思维过程进行严谨、缜密的还原。

借助这篇类文阅读材料,在学生"练"的过程中,我们可以清楚地看到学生本单元语文要素掌握的情况,以及在这一过程中逐步形成的由自身经验支撑的概括性的知识,即"推断"这一阅读策略的习得。

这样的类文阅读,我们就安排在了课堂学习的最末端。因为学习了解人物的思维过程有一定的完整性,在教师的引导下,学生完整地学习了通过多种途径推测人物的思维过程后,再给予学生迁移运用的机会,则能起到很好的巩固和检验的效果。

再比如,统编教材第八册第六单元中的"文言文二则",其中的特殊句式"倒装句"的理解成了学生读懂文言文的障碍。为了突破这个难点,以《铁杵成针》为例,教师采用了"导"中有"练"的策略。

教学过程中,从引导初步认识"倒装句"入手,到教学生运用"换一换"的方法进行理解,再到让学生在这则文言文中找一找相同句式,随后学习运用已学的方法来理解句子的意思,最后到选用文言文《后羿射日》中的一句类同句:"日中九鸟尽死,坠其羽翼,故留其一日也。"让学生试着找找其中的"倒装",并用刚学会的方法来进一步实践,从而起到强化练习的作用。这一系列的过程就是把"练"放置在了"学"的过程之中。

合理安排"练"的发生,是基于以"学的活动"为基点的阅读教学,过程中随时关注学生的学习状态,力求语文要素的习得成为学习过程的必然。

（3）关注"学生感受"，提升练习趣味添"有效"

让学生将大脑中存储的相关信息和他们阅读时的思维、理解联系起来，并通过基本阅读方法的习得，促使学生在这个过程中组织建构自己的理解模式，是我们在语文要素习得基础上开展有效学练结合的实践目标。

在这一目标达成的过程中，学生阅读的主观意愿即阅读兴趣直接决定了学生在阅读活动过程中的参与度、思考力以及相关能力发展的高低，也意味着落实语文要素与学生的这一意愿紧密相关。一旦失去了阅读的主观愿望，所有的阅读活动开展就成了空壳，学生也无法从阅读活动中获得能力的提高。

因此，我们在开展学练结合实践的过程中，充分关注学生的感受，结合不同的年段特点，努力做到了这样几点：首先，在类文选择的内容上富有趣味。比如，统编教材第六册第五单元，单元语文要素是引导学生打破常规去想象，不走寻常路，畅快表达。课堂中，教师拓展了改编自绘本《阴天有时下肉丸》中的内容，组织想象话题，让学生实践语文要素。由于类文内容符合学生年龄特点，且富有趣味，因此激活了学生表达的欲望，在践行单元要素习得的基础上，学生的表达精彩纷呈："天上还会下长生不老药，这样每个人就会有更多的时间去实现心中的理想。""天上会下金币雨，大家拿起袋子装了许多金币，从此实现了共同富裕的梦想。"……课堂练习的积极性异常高涨，参与度也很高。其次，在学练结合的时间安排上要符合小学生的心理接受能力，可多次而短小。第三，在练习形式的设计上要丰富多样，体现"趣味"，从而为小学生所乐于参与。比如，可以是说的练习，可以是写一写的练习，可以是小组合作完成的，也可以是个体之间比一比赛一赛的活动，等等。最后，在学练结合的评价上要更注重过程的动态生成，及时给予学生鼓励。

"以学生为本"似乎并不是一个新鲜的话题，但是，在实践的过程中，我们充分感受到，这确实始终是一个最需要关注的话题。因为，只有学生自己愿意参与，我们的教学设计才会发挥其最大的功能。在学练结合实践的过程中，"年段性、趣味性"一直是我们进行练习设计的主导之一。

——有效学练结合的实施提要。

在阅读教学中开展有效的学练结合，把阅读教学中语文要素的学与练有机地结合起来，引导学生从多种阅读策略的习得方面开展探究。但在实践的过程中，仍需要注意如下几点：

（1）注意与课后练习的紧密结合

统编教材以双线组织阅读单元，在教什么、学什么方面有非常清晰的目标。教材将基本的语文知识、必需的语文能力、适当的学习策略和学习习惯分成若干个知识或能力训练的"点"，由浅入深，由易及难，分布在不同的单元，同时也体现在了阅读单元的练习系统之中，成为语文学习的要素。

因此，每一篇课文后面的练习题都是紧紧地围绕单元的训练要素所设计的，这样的题目设计很好地为教者提供了练习设计的思路及方向。教师可以在充分解读课后练习的基础上，在了解了编者的意图后，在紧扣课后练习设计的同时，再有效地开展学练结合的设计，努力使所选文本、所设计的练习不偏离目标，更好地为"要素习得"所服务，使语文要素的落实获得扎实的推进。

比如，我们可以以这样的路径开展相关勾连：首先是"分析"，从分析课后练习入手，搞明白练习设计的目的是什么；第二是"运用"，结合单元语文要素的落实，运用适当的教学策略，将课后练习有效地结合在课堂教学过程之中；第三是"生发"，以课后练习为基础，基于教材，生发出进一步夯实语文要素的练习内容与设计，过程中使语文要素的落实更具体化、形象化，使学练结合的实践更具有效性。

（2）注意增加"整本书阅读"的补充

小学语文教材主要以较为短小的课文为主。对于学生而言，有些基本上通过自己的阅读就能初步获知课文的大致内容。因而，一些阅读理解策略的学习和训练，比如，预测、推断、综合等就失去了可以充分开展训练的有效文本。有时，虽在教学中会有一些零散的涉及，但基本因为没有可供充分训练的阅读材料，把"阅读策略"当作学习内容并恰当地、有效地进行学与练的设计基本很难扎实落地。

整本书阅读指导的增加，给予了"阅读理解策略"学练结合很好的用武之地。它既是课内学习的补充，同时，也是课内学习的巩固与延伸。把握好课内教学和整本书阅读指导的不同教学重点，可以做到两者的相互促进，这将使阅读策略学练结合的落实获得肥沃的生长土壤。

3. 修好教师"心"

学校教育肩负着传承中华灿烂文化和中华民族传统美德的重任。对学生品格的培养应该包含两个方面，一是育生，二是修师。

其一，对学生，在使用统编教材开展教学研究的过程中，我们深刻地感受到，基于教材，注重逻辑思维因素的培养，可培养孩子分析、推断事务的能力，归结到育人上，则是培养了学生准确决断的优秀思维品质；教学中关注审美表达有助于学生形成对美的判断和追求，这是一个孩子人生成长中不可或缺的精神陪伴；不断确立并强化学生在教学中的主体地位则培养了学生的自主意识，这将助力学生不断生发出自我驱动、自我担当的优秀品性;结合生活的阅读、写作训练能够培养学生的创造力和丰富的情感表达力,这也是作为一个社会人所需要具备的与人相处沟通的良好品性。

因此,语文教学是实践工具性和人文性统一的教学过程,也是听说读写训练和思想教育统一的过程。在语文教学活动中有意识、有计划地结合知识传授、能力培养,对学生有效地实施德育渗透,能真正实现语文教育的育人目的,此乃其一。

其二,对教师,课堂教学中的精神成长应该是一个教学相长的过程。在这一动态的过程中,教师作为课堂的主导者,在与学生共同学习的过程中,教材的解读与教学的实践如能让教师站在更高更深远的思想舞台上,引导学生开展思想的交流与碰撞,随着教师自身思想的不断发展、认知的不断提升、格局的不断放大、体悟的不断加深,学生也必将在这样的育德过程中,从教师的成长中获得更为健全的自我成长。

——以敬畏心解读教材人文内核。

在认真研读中理解编者意图,在高度内化中品悟人文内涵。

小学语文统编教材在尊重学生个性发展的同时,既突出经典性,又兼顾了知识性和价值观。因此,要凸显教材的育人功能,首先教师在教学中必须准确把握语文要素与人文要素二者的联系,充分解读教材的教学与育人价值,充分研读并理解编者的意图,厘清教材的人文内核,才能在自我内化的基础上给予学生良好的传递与教育。

《蜘蛛开店》,是统编教材二年级下册第七单元的一篇课文。该单元以"改变"为人文主题,共安排了四篇引人入胜、有思维价值的童话故事;语文要素为"借助提示讲故事"。通过认真研读教材,教师理解了编者的意图,明确了本课的学习在单元中有着承上启下的作用,学生通过前一课《大象的耳朵》的学习,掌握在根据"大象想法的改变"为线索讲故事的基础上,进一步学习梳理故事内容,发现故事结构特点,并根据示意图提供的支架讲故事,为后面两课进一步运用方法、形成能力打好基础,同时,也在讲故事的过程中明白"改变"这一思想内核的深层含义。

"认真研读"包含了如下这些特质:一是专心的态度,心无旁骛地对教材进行全面的阅读;二是专注的分析,分析编者的想法,分析作者的表达,分析应该使用的合适的教学策略。在研读中获得自我认知的提升,以助力学生能力与品格的持续发展。

——以智慧心勾连语文要素落实。

以"思考"为载体,同"要素"紧相连。

"善思慧教"是对教师的一个极高评价。"善思"是"慧教"的前提。我们鼓励教师在充分占有文本的基础上对教材进行深入的解读。不仅仅要搞明白作者写了什么、为什么这么写,还要搞明白我该怎么教。在"思考"的过程中,尤其凸显在两个方面,一是教学目标的制定,二是教学策略的运用。

《青蛙卖泥塘》,是二年级下册第七单元中的一则童话故事。为了把烂泥塘卖掉搬到城里去住,青蛙认真听取了每一个小动物提出的建议,一次又一次地改造着烂泥塘。通过自己勤劳的双手,使泥塘渐渐变成了有花有草、鸟飞蝶舞的好地方。最后,青蛙决定留在这个"好地方",不再卖泥塘了。

教学目标是一切教学活动的出发点和归宿点,是上好一节课的重要前提,因为它指出了教学方向,规定了教学内容、重点难点、学习层次水平及教学的深度、广度。教师在教学《青蛙卖泥塘》时,制定了这样四条教学目标:

目标一:能在语言环境中读准"茵、灌、缺、泳、愣"5个生字的字音,能解释"绿茵茵、破开、愣住"等词语的意思。

由于课标对小学三个学段"阅读"目标的规定是:第一学段结合上下文和生活实际了解课文中词句的意思。第二学段能联系上下文理解词句的意思,体会课文中关键词句表情达意的作用。第三学段能联系上下文和自己的积累,推想课文中有关词句的意思,辨别词语的感情色彩,体会其表达效果。显而易见,学段目标是逐层推进,由易到难,符合学生的年龄特点和认知特点的,体现了语文课程的整体性和阶段性,不能随意改变。因此,在理解"绿茵茵"一词时教师让学生直观地看图来猜意思;理解"破开"一词时做做动作,亲身体验;理解"愣住"一词时,可以联系上文青蛙说的话,符合对第一学段学生的要求。

目标二:能正确、流利地朗读课文,能借助板书讲一讲青蛙第二次卖泥塘的经过。

其实,有关"借助提示讲故事"的训练,教材从一年级上册开始,就进行了一些有意的安排,如二年级上册《小蝌蚪找妈妈》中,引导学生先按照顺序把图片连起来,再借助这些图片讲故事。《玲玲的画》中引导学生用上指定词语讲故事。《大禹治水》中引导学生借助相关句子讲故事。因此,在本单元的教学中,依托已有的基础,指导学生借助提示,梳理故事的内容,按顺序讲述故事,不遗漏重要的内容。

目标三:能结合课文内容,展开想象,说一说小狐狸说的话。

语文课程要使学生在学习语文知识的同时得到能力上的培养和锻炼,关键是必须讲究学习知识的方式。因此,语文教学目标应指向语言学习与能力的发展。所以在教学过程中,教师让学生关注老牛和野鸭的表达方式,充分感受说话的艺术,先说别人的优点再委婉地提出意见,对方会更容易接受。通过让学生展开想象,说一说小狐狸会说的话这一教学环节,进行知识的迁移与运用,发展学生的想象能力和表达能力。

目标四：能说出青蛙为卖泥塘所做的事，懂得泥塘越变越好的原因。

考虑到劳动创造幸福的概念对现在的学生而言有一定的距离，处于他们的未知领域，借助形象的图片进行直观的对比，让学生感悟是青蛙的勤劳和努力才换来了泥塘的巨大变化和今后的幸福生活，适当地进行德育教育。

综上，我们可以发现，当教师准确把握教材，站在学生的视角思考课堂教学的实践，在教学目标的制定上就会呈现出贴切、适度、有效的特质。

阅读要素的落实是在日常教学过程中提升小学生阅读能力的有效途径和基本保障。因此，在教学设计的过程中，紧紧围绕"要素"的落实展开设计应该成为教师自我修炼的要求。

五年级下册第七单元围绕"风趣与幽默"这一主题，编排了三篇课文，意在让学生体会课文极具趣味性语言的热情和兴趣，进一步提升学生的语言品鉴能力。《杨氏之子》是一篇文言文，选自《世说新语·言语》，讲述了梁国一户杨姓人家中的九岁孩子与客人孔君平机智对谈的经过，勾勒出一个机敏善对的聪慧男孩形象。

课文颇有趣味，尤其在人物语言上见功力。主客两人，一个说得巧，一个答得妙，表现出斗智的乐趣。

该单元的语文要素是"感受课文风趣的语言"。所谓风趣幽默的语言是指人的语言诙谐，令人笑意横生，妙趣连连。风趣的语言除了生动有趣、使人发笑之外，往往还能让读者在一笑之余有所回味。三年级上册有过"关注有新鲜感的词语和句子""感受课文生动的语言"等语文要素，五年级这一单元再次聚焦语言，让学生感受语言的风趣，是对语言感受力要求的进一步提升。围绕语文要素，课后题在编排上也有所体现与侧重,《杨氏之子》这一课的课后练习"借助注释了解课文的意思,说说从哪里可以看出杨氏之子的机智"重在引导学生通过主客对话的内容,感受杨氏之子的机智。围绕语文要素落实的教学,教师充分在"感受"上下功夫,呈现出了多种"感受"的方式,立足语言文字,将"读"作为"感受"的首要手段,读懂内容、理解词句、入情体验、感情朗读有机融合起来,在读中感受,在读中理解,在读中获得能力的提升。学生通过课堂教学内化语言的习得,达到要素落实的目标。

阅读能力与品格发展,是齐头并进的。阅读能力,表现为认识自然、社会的能力,表现为借助技术发展心智的能力,这种能力对品格认知和接纳及其奉行,有着直接的关系。一般而言,阅读能力越强,辨识是非的能力就越强;阅读能力越宽,把握内心的水平就越高。

品格发展的水平,不仅与道德认知相关,也与阅读能力相连。阅读能力,对品格的确立有着文化意义上的支撑,对品格的保持有着汲取知识上的加固。

阅读能力从品格意义上说就是发展力。品格作为人的品性的完美表现,阅读能力就是最好的导师。

三、阅读空间与品格历练

在阅读中,良好品格的养成需要不同环境空间的支持,这些阅读空间对于个体品格的形成和发展具有重要的作用。

阅读空间之间互相形成具有一致性的合力,相互补充,使品格的发展得到充分的土壤。对于少年儿童而言,阅读过程中空间环境的样态如以品格教育的共同体的形式呈现,才有可能培养和发展良好的现代小公民品格。

(一) 学 校 阅 读

学校是人一生中接受系统教育的重要场所,是学生掌握科学文化知识、塑造高尚品格的重要阵地。

学校教育是指教育者在学校内开展的各种教育活动。

学校阅读环境是空间共同体的样态之一。在学校中给孩子们营造良好的阅读空间,让阅读随时随地发生,拓宽学生阅读的广度。

在让学生通过"大阅读"走向世界的过程中,学校一系列创造性、规范性、系统性的环境创设、教育课程与活动会对孩子品格的发展产生较大的影响,真正体现学校环境下阅读的育人功能。

1. 环境的熏陶

小学阶段是人生理心理发展的关键时期，小学生既同成人一样是具有独立地位的权利主体，又有不同于成人的特殊品格发展特点。环境在儿童成长中具有不可替代的重要作用和特殊功能，从阅读这个层面上来看，有序、开放的阅读环境可以成为儿童身心健康成长与德智体美劳全面发展的重要基础条件。

基于品格发展的阅读环境创设将学生优先理念落到了实处。在过程中全面贯彻利于儿童发展的原则，建立和完善促进儿童品格发展的阅读环境体系。

充满书香的校园是最美的！当一所学校的每一处都放满了各式各样的书籍，孩子们不管走到哪里都能随手拿到书，即使在课间闲聊时，也可以随手取到一本大家感兴趣的书，就这样，不经意间思想在慢慢提升，品格在阅读环境中得到洗礼。在童园实验小学，就有着这样让孩子能静下来、懂道理的书香环境。

有这样一个低年级的学生，他有很多优点，聪明、热情，很多同学都愿意和他成为好朋友，但他有个"坏毛病"——不文明，下课总爱在走廊上乱跑。为了让他能文明休息，每到下课，他的好朋友们就"偷偷"告诉他——楼道转角处有许多有趣的书，我们一起去看看吧。他果然被这句话吸引住了，伙伴们一到下课就在楼道拐角处翻阅有趣的卡通书籍，并交换着一起看，有些书还可以边看边做游戏，大家的友情更深了，走廊的一角也常常传来孩子们爽朗的笑声，不见的是奔跑莽撞的身影，只见的是孩子们形影不离的阅读时光。

秋日的阳光温暖而灿烂，美好的一天又开始了。刚走上三楼，一个小姑娘的视线就被放在走廊书架上的一本书深深地吸引住了。书的名字是《我想要个小弟弟》。此时,她的心里这样想:一个人吃好吃的,一个人穿漂亮的,爸爸妈妈们都只爱我一个多好啊!为啥作者会想要个小弟弟呢?她忽然对这本书充满了好奇。下课的铃声终于响起来了,她飞奔着出了教室,一下子拿起了这本书,靠在走廊上静静地看了起来。书中的小孩子和大多数孩子一样,也是一个人搭积木,一个人玩枪,总要等到爸爸妈妈忙完了,才有时间陪一会儿。正看得入迷时,上课铃响了,她很不舍地把这本书放回书架上,就这样,连着两天,用下课的时间,她把这本书看完了。她明白了原来分享也是一种快乐,对别人的关爱也是一种快乐。没想到走廊上的书这么好看,她下定决心每天都要看一本,用最短的时间,把走廊上的书都看完。

　　一天下课,他和几个同学正从走廊经过,无意间看到窗台上一本封面漂亮又吸引人的书,抽出这本书,这不是老师推荐的《绿野仙踪》吗?于是,翻开书便津津有味地读了起来……不知不觉上课铃响了,他把书放到最下面不显眼的位置。从此,每逢课间有空的时候,都会跑到这里,把"藏"在书堆下面的《绿野仙踪》翻出来,常常看得如痴如迷。不知不觉,当他看到最后一页读完这本书时,突然意识到五分钟、十分钟虽然很短,看不了几页书,可是当一个又一个五分钟、十分钟串起来的时候就能完成一次完美的阅读,真是太美妙了。"不积跬步,无以至千里;不积小流,无以成江海。"千里之路,是靠半步、一步地走出来的,坚持不懈,最终都将会达到预期的目标。

2. 课程的底色

　　人的品格不是天生的,是在后天的学习和生活中逐步养成的。它的形成与发展,离不开课程实施中学生的体验和思考。因此,在学校阅读环境下的实践性阅读课程,应贴近社会实际,应与学生的学校生活、家庭生活、社会生活等生活实际相结合，引导学生去实践、去思考，使他们的阅读所获转化为推动思考的助力器，锻炼他们的智力与能力，更重要的是提升他们的情感、态度、价值观。

有价值的学校阅读课程让学生的思维得到发展，让孩子们的品格获得提升。学校的阅读课程为孩子们创造了这样的舞台：儿童戏剧，在表演中感悟、反思，体会；经典导读，让学生在读懂名著内容后明白了是与非。阅读后，让孩子们参与的一场场有力度的思辨促使孩子们在思考"我可以怎么做"的过程中，慢慢学会判断事物的对错和做出更好的决策。

"我的宝宝长大了！"

"妈妈，这道题不会做！"听到书房里传来她的叫声。十岁前的她是个依赖性很强的女孩，心想，凡事有妈妈帮，这种生活也挺好。然而那堂课转变了她。那是一节名著导读课，老师下发了一本英国笛福的《鲁滨孙漂流记》，老师讲述着故事情节，大家都听得入了神，突然老师提出了个发人深省的问题：在你的学习生活中，你是安于现状，自我满足；还是敢于寻找突破口，不断挑战自我呢？教室里一片哑然，静得连根针掉在地上都能听得到。"现在流行佛系，知足常乐，我觉得自己没必要那么拼。"一个孩子站起来扑闪着漂亮的大眼睛说。"是呀，我们还小，我喜欢依靠妈妈，反正她都能帮我搞定。""妈宝！"一个小调皮接了一句，全班哄堂大笑。"人生能有几回搏？如果一个人在年少时就缺少积极奋发的斗志，不去努力为自己的人生积聚能量寻找突破口，那终将是一生碌碌无为了！"另一个孩子的声音字正腔圆萦绕于耳，教室里顿时爆发了雷鸣般的掌声。老师语重心长地说："是呀，'莫等闲白了少年头，空悲切'，父母我们靠不了一辈子，到头来遇到事情终需靠自己，能力是我们在平时的自我挑战中磨炼出来的。"大家心领神会地点点头，在老师的引领下，继续开始了阅读。晚上，妈妈下班到家时，一抬头看到满头湿漉漉的她，惊喜地说："哎呀，自己会洗头了，我的宝宝长大了！"

"只要一步一步坚持走，一定会到的。"

今天上的一节绘本戏剧课是——《犟龟》。充满好奇心的她，目不转睛地盯着黑板。这个故事里的人物好多好多，老师像个孙悟空一样，一会儿变成大蜥蜴，一会儿又变成小蜘蛛。孩子们呢，扮演着同一个角色——"乌龟陶陶"。她趴在地上，用膝盖缓缓地爬行着。老师这次变身蜗牛也爬到了她的身边。"孩子，你要去哪里啊？"她压低了声音说道："去参加狮王二十八世的婚礼！"随后，蜗牛开始不断地劝说她不要去。在听劝说的时候，她觉得手、膝盖好累，真的好想答应停下来。可是想想之前的同学扮演的角色都顺利前进了，她如果现在停下，多难为情啊！蜗牛还在不停地唠唠叨叨，周围的同学开始对她小声说话："别停，快走。""别忘了你要干什么！""不！我要继续走，我一定会到达的！"她坚定地回答。话音刚落，同学们为她鼓起了雷鸣般的掌声。老师扶她站起来，她拉着老师的手，心里暖暖的。课上完后，她觉得故事中的角色做得就很好，因为不管是谁劝它放弃理想和目标，它一直说："只要一步一步坚持走，一定会到的。"别看那么慢，但还是准时到达了目的地。孩子们明白了，脚踏实地地走下去，坚信幸福总会到来的！

3. 品格的习得

在学校实践性阅读活动的设计中，应以使学生的个性得到张扬、使学生的人格得到尊重、使学生的情感得到体验、使学生的所获得到践行为理念。活动过程中注重丰富学生的品格体验,提高学生的践行能力。通过亲身体验与感悟,形成正确的道德观和良好的行为习惯。这也凸显了学校阅读空间的独特教育功能。阅读活动的开展是在特定的学校阅读环境中让学生在活动的体验中获得品格的历练。在老师们的引导下,不仅看到孩子们在书海中尽情遨游,更看到了他们在活动中品格获得的进步。

在书籍中寻找爱

10 月份,学校开展了"爱从小开始"的主题阅读活动,带着同学们阅读与"爱"相关的书籍。借着一次主题阅读的机会,老师组织孩子玩谁是"故事大王"的游戏。轮到一个孩子,他讲的是"钉子的故事":一个男孩脾气很坏,父亲给了他一袋钉子,告诉他每当他发脾气时就钉一根在后院的围墙上。第一天孩子钉了 37 根钉子,渐渐地每天钉的钉子越来越少,终于有一天,男孩再也不会因为失去耐心乱发脾气了。他高兴地告诉父亲,他的父亲表扬了他并告诉他从现在开始每当你能控制自己的脾气就拔出一根钉子。时间一天天过去了,一天孩子告诉父亲他把所有的钉子都拔出来了,父亲指着那围墙说:"我的孩子,你看那些墙上的洞,它们将永远无法恢复原样,我们生气时的话就像这些钉子留下的伤疤,对人的伤害永远无法抹去。"老师惊讶于孩子能一口气把一个完整的故事娓娓道来,便问他:"你为什么对这个故事印象这么深呢?"孩子说他在故事中似乎看到了自己的影子,他也希望像这个小男孩一样改一改自己的坏脾气。对于小学生,与其说教,不如通过阅读活动用一个个发人深省的小故事,让孩子们自己慢慢发掘其中的深意,自己感悟得来的永远要比别人灌输的来得记忆深刻。

在"爱从小开始"的阅读活动中,不仅有爱的阅读,还有爱的朗读。

在阅读的《夏洛的网》《笨笨猪的欢乐村庄》《第56号教室的奇迹》等书籍中,孩子们选取最打动自己的片段,并且用声音进行演绎。这些朗读者,通过校园广播,每天早晨把爱传递给每一个同学、每一位老师。活动中,孩子们在书籍中寻找爱、感悟爱,用声音传递爱,对身边人表达爱,从身边事践行爱。

学会规划行走路线

多变的阅读活动设计会使孩子们充满兴趣,在明理的道路上不断进步。在阅读"万里行"活动中,有的老师一改以往带着孩子读、领着孩子玩,开展了"我的阅读我做主"的活动,指导孩子自己做阅读旅行的攻略,这是对孩子统筹安排能力、选择决策能力的培养,更是一份责任心的历练。按着阅读的内容,一个孩子规划了这样的行走计划:

（1）归纳信息:首先把阅读内容反复浏览,归纳其中信息。

（2）研究地图:找来地图册,在上面大致圈画并了解目的地。

（3）确定出行方式:商量路程,上网查看了动车票,最后确定了自驾游比较划算。

（4）绘制路线图:根据信息制作出一个大致的路线图。

活动过后,孩子感慨地说:"老师,这次由我策划制定的阅读旅行太棒了,我觉得自己好能干啊!我感受到了小大人般的责任。"阅读是静态的,思考与实践能使其更深邃。在阅读活动中的获得是具体的、丰富的,是令人铭记的。

阅读课的"共读"

孩子的自我阅读世界是简单的,他们的阅读爱好大多来自家庭。我们意识到,老师的引导、同伴的交流分享会引领孩子从简单狭窄的阅读世界中走出，去感受更多由阅读带来的知识、眼界、思考甚至是生活方式的改变，这应该就是学校教育的作用。

在我们学校教室的书架中有一本名为《文物宝藏》的书。它静静地躺在那里，从无孩子主动去取阅。在阅读课上，老师领着孩子们开始了这本书的共读活动。在老师的引导下，从阅读了解宝藏的内容，到提取搜集每一个文物宝藏的主要信息，为它们制作身份卡，到"我最想介绍的一个文物"的文物宝藏介绍，再到孩子们迫不及待地自发组织的"王的一天"的上博文物参观活动，孩子们从对这类书籍的毫无兴趣，到津津乐道地介绍，从单一的书本阅读，走向了充满神秘的博物馆之旅，从外出游玩时简单的游山玩水，发展到了每到一个城市，孩子的第一问就是：这里有博物馆吗？学校教育的引导成了拓宽孩子阅读内容、方式、时空的最佳途径。

（二）家 庭 阅 读

每个孩子就是一个世界，在其世界里有自己的认知逻辑。

在家庭阅读空间中，品格的历练需要父母和孩子一起在阅读中发现他自己的世界，唤醒他内在的力量。过程中，家长一方面要尊重孩子的个性，在阅读中给他们充分的自悟及成长空间。另一方面也要尽到为人父母的责任和本分，在主动学习中提升自我；在富有同理心的体悟中成为最理解孩子的伙伴；在有效陪伴中，实现最好的教育，让陪伴的过程成为涤荡心灵最美好的事情；在交流互动中实现思想的碰撞和情感的交融。

家庭阅读空间最显著的优势，主要在于它所创设的环境让孩子更放松，在宽松的环境中开展阅读利于结果的被接受。在这一空间共同体中，当阅读发生时，它所担负的育人职责来自亲子间的互相信任与帮助，来自亲人的关怀与呵护，有别于学校与社会，它更应该被重视，因为，父母为孩子所建筑的人格长城将成为品格发展的基石。

1. 学习

在家庭阅读的环境中，期望通过阅读来成就孩子的品格发展，重要的一点便是家长和孩子的共同学习。

有这样一个家庭，父母和孩子始终坚持的是阅读过程中的共同学习，因为他们知道，在学习反思中将会实现彼此的互相成就。比如，和孩子一起读《爱哭鬼小隼》的故事。小隼是个敏感爱哭的男孩子，会因为自己喜爱的老师调离幼儿园难过哭泣，会因为担心橡果子回不了家而伤心。小隼也因为自己时常伤感落泪被同伴奚落，觉得自己爱哭很丢脸。可是他的妈妈却对他说："真正悲伤的时候，男孩子也是可以哭的呀！"正是这句话让他真正释怀了。小隼也因此接受自己的情绪，去寻找自己爱哭的原因。

读完小隼的故事，这位妈妈非常受启发。原来妈妈对孩子不带评判和条件交换的接纳，有这么大的魔力啊！于是在这样的思考之下，她想，认真面对、接受自己的情绪和想法，也是孩子自我接纳、自我认可，从而建立自信的重要基石吧。

从那时起，他们就开始了更多的交流。聊聊每天在学校里的感受和心情：在学校里被老师批评或者是表扬了，是什么样的心情？跟同学闹别扭了是什么感受？交到好朋友是什么样的感受？觉得孤独又是什么样的感受？……

渐渐地，妈妈发现当她开始接纳孩子的情绪时，孩子所有的行为问题也逐渐改善，开始把注意力转移到在校的学习和自我要求方面了。

2. 共情

共情，又称同理心，指的是个体对他人情绪和情感的识别，设身处地地理解他人，并做出相应情绪反应的过程。它包含两部分，一是能识别、理解他人的情绪和情感；二是做出恰当的情绪反应，也就是我们常说的"善解人意"。

在家庭阅读空间中，阅读中的共情是父母将期望的阅读结果传递给孩子最好的方式。它改变了"我认为你应该"和"你必须"的传统教育方式。在阅读发生的过程中，父母将体悟孩子的内心感受作为重要的任务之一，随着书中情节的发展，和孩子一起走进文字，感受书籍传递的能量，用"我也感受到了"和"我和你想的一样，但是……"这样的语言向孩子发出共同体悟的邀请，其结果就成了引领孩子品格正向发展的可接受样态。

鼓励像"富丝"一样变得勇敢坚强

有这样一个孩子，小时候内向害羞，她的妈妈发现孩子特别喜欢"我不再害怕"系列中的"小羊富丝"，一个和孩子一样害羞胆小的主人公。孩子被书中的角色吸引，产生了共情，许多家长平时无法对孩子明白地说教，在一个个故事中，孩子自然而然地懂得了许多道理，就这样妈妈每晚在睡觉前给孩子讲故事，鼓励她像"富丝"一样变得勇敢坚强。

在阅读的过程中，家长与孩子的共情有助于孩子建立健全的性格。当家长去接纳孩子的想法，孩子感受到的是被理解、被尊重，更愿意与你分享。无论大人还是孩子，都喜欢能理解自己的人。理解和关怀，是共情的基础。在这样的状态下孩子更愿意去表达，也会因此更加理解父母，逐渐养成积极乐观开朗的性格。

3. 交流

孩子品格的养成在家庭阅读上最为突出的方式之一便是父母和孩子的交流。有这样一个家庭，孩子对于历史的认知和了解来源于爸爸有意无意的引导交流。在阅读交流的过程中，爸爸用他自己的方法启发和激励她看历史故事，会用大人的观点与她小孩子的视角进行碰撞，也会用大人看世界的角度引导她读历史。

比如，爸爸会跟她说："历史上没有一个好皇帝或者坏皇帝。只有皇帝做的好事与坏事，不相信，你看历史书，然后我们两个来讨论一下。"在这样的套路下，孩子会跟爸爸讨论曹操在三国里到底是好人还是坏人，讨论不同时代背景下不同的人的发展，领悟到对任何一个人的评价应该要客观。

再比如孩子最爱的"寻宝记"系列讲的是中国各省，以及世界各国寻宝的历程，顺带就介绍了各地的风土人情和景点。在暑假或者寒假出去旅行前，爸爸就会找出跟目的地有关的《寻宝记》，让孩子找到她想去的地方，之后和孩子聊书中所阅读到的内容，努力让孩子产生想要亲眼看一看的欲望，让她能够把书里的知识和现实场景结合起来，让孩子明白精神成长的过程必须和自身的经历建立联系。

在家庭阅读空间中，阅读过程中与阅读后的交流成了检测孩子能力及品格发展的一个重要环节。但是，交流的内容及设计十分重要。在交流问题的设计上，关注"趣味"；在交流过程的引导上，关注"耐心"；在提炼总结的传递上，关注"有效"。这些都需要家长开动脑筋，围绕孩子的实际发展层次及品格发展需求进行设计，提升交流的有效性。

对话深化阅读主题

他最喜欢阅读《伊索寓言》。有一次，妈妈看见他读完《狮子和海豚》,在那儿叹气:"唉,这个狮子真不好啊,他让好朋友海豚上岸来帮他和野牛打架,怎么可以呀? 海豚不会行走,登上陆地会失去生命的。"妈妈不厌其烦地告诉他:"所以,遇到困难时,不要一味抱怨朋友不肯帮忙。要理解朋友的难处。你懂了吗?"他似懂非懂地点点头,一边说:"我可不会的。"几天后,他阅读完《小狗和青蛙》,生气地说:"小狗真是太没礼貌了,青蛙本来就呱呱地叫,如果他想安静一会儿,就该好好和青蛙说。"妈妈接着他的话,又说道:"你怎么对待别人,别人就会怎么对待你。所以,我们要以礼待人。"他连忙说:"妈妈,我懂了。"就在这样一次次的交流中,家庭阅读的过程成了孩子慢慢懂得道理的过程。

令人可喜,这个孩子已经从之前的丢三落四变成了细心专注,他不仅能把自己的学习用品检查、收拾好,而且能把家里书架上的书分类整理好。他还能在书的封面上贴上小纸片,在上面写编号、涂颜色。

小学低年级是良好品格养成的重要时期,需要孩子的自我成长,但更需要家长的交流和指导。

尝试引导孩子看更多类型的书

有这样一个家庭,父母为孩子提供了相对轻松的阅读环境。尤其是阅读过程中的适时交流为孩子的成长提供了不竭的动力。刚上学时,孩子回家后会反复地说学校里小朋友在看什么书,她也想继续看下去。父母则会毫不犹豫地尊重她的意见,把后续的几套书都买回来。尽管母亲的内心还是会极其失落地想,自己的孩子怎么还在看这些不成熟的漫画书呢? 但仍会微笑着告诉她,欢迎随时分享她阅读的快乐。

除此之外,这位妈妈也尝试引导孩子看更多类型的书,比如随便买几本书,随手扔在家里让孩子随意阅读,以此试探一下此类型的书是否符合她的口味。如果她对这类书非常感兴趣,妈妈就会去把全系列都买下来,比如"寻宝记"系列、"汤小团"系列等,趁热打铁让她一口气把这些书都读完。在阅读的过程中,不断和她交流阅读感受,快乐的、难受的。

妈妈还利用孩子对新鲜的东西充满好奇的心理,在不断交流中让孩子体会到阅读的快乐和坚持的意义。比如,家里每个月都固定订一本新的杂志,内容涉及面丰富,篇幅较短,既适合短时间内阅读,也适合读后交流,同时对孩子坚持不懈的品质的引导也起到了很好的作用。

4. 陪伴

孩子的成长需要家长的陪伴,同样,当阅读的过程也充满了父母有效的陪伴,那么在孩子品格养成的历程中将呈现出一片繁花似锦。

孩子看书时,父母就安静地陪伴

有这样一个家庭,上学后孩子的表现基本可以用"令人失望"来形容。丢三落四、做事能拖则拖。但是,在和老师进行了多次沟通之后,家长发现其实孩子并不是一无是处,每天在校的晨读时间是她最安静的时候。看来阅读能帮助孩子。于是家长根据孩子的特点整理了一份书单,买齐了所有的书,在她的房间添置了两个书架,装满了各种书籍。每天,在孩子看书时,父母就安静地陪伴,时而还和她共读同一本书。对于书中的情节,积极地和孩子交流探讨。渐渐地,孩子能安安静静地看完整本书了,有时连家长和她说话她也无暇理会。更让家长惊喜的是,随着陪伴阅读的坚持,孩子在写作业时已从抓耳挠腮到聚精会神,不再像过去一样"磨洋工"了。陪伴阅读的好处不仅体现在学习上,也引导她初步形成了积极的人生观、价值观。当孩子对朋友的友好得不到同等的回应时,家长陪着她阅读了《大个子老鼠小个子猫》,在讨论中,她懂得了友谊是不计回报的;当孩子遇到挫折想放弃时,父母陪着她读了《华罗庚的故事》,激励了她的斗志,让她更勇敢乐观地去面对;陪着孩子读的《我的第一本历史探险漫画》更是让她学会了用文字去记录旅行的足迹,分享沿途的快乐。在一次次的陪伴中,孩子变了,变得勇敢、乐观、自律。对于她的这些改变,家长看在眼里,甜在心里。

她陪着孩子啃完了整套的法布尔昆虫记

"定期阅读教育类的文章,努力成为孩子的好朋友,和他一起成长。"这是一个经历用心陪伴的母亲欣喜地告诉我们的话。和孩子一起参加各种活动是这个妈妈陪伴的一种方式。在参加各种活动之前,她会和孩子一起讨论活动的主题,认真查找有关方面的书籍,让阅读为活动效率加分。比如,在参加夜访昆虫王国浦江森林公园的活动之前,她陪着孩子啃完了整套的法布尔昆虫记,读完了 11 册《酷虫学校》。活动当天,孩子比任何一次都更加认真观察,获得了很大的收获。参加过几次这样有准备的活动之后,孩子的专注力和忍耐力有明显的进步,专注于学习的时间更长了,碰到难题也愿意花更多的时间去解答了。

更难能可贵的是,当孩子的"好朋友"大自然被全球变暖、过度砍伐树木、工业废水排放的问题困扰时,他一改以往的冷漠、袖手旁观,他会用自己的爱心,以及在大自然中激发的创造力去努力解决"好朋友"的困境。

妈妈会用很多问题带着她一起思考

教育的本质是生命的成长,它的起点是爱。有这样一个母亲给孩子的爱就是陪伴——亲子阅读。随着孩子的长大,他们的阅读不再止于文字表面的一个故事,妈妈会用很多问题带着她一起思考。曾经,她们共读过一本《蓝色的鹅卵石》的绘本,这本书写的是一个小男孩捡到一块蓝色的鹅卵石,一路上他遇到的各种动物都建议他把石头扔掉,因为它们都认为石头是件无用之物。其中有一段在写到遇到狼的时候,狼说这块石头是废物,说完便露出了它的牙齿。妈妈问孩子:"狼为什么要露出牙齿?"孩子不解地看着她,妈妈又问:"狼的牙齿是怎样的?""尖利的。"孩子答道。妈妈又发问:"那狼觉得有用的石头是怎样的?"孩子立刻恍然大悟:"我明白了,狼是告诉他你的石头太光滑了,只有尖利的东西才能捕获猎物和保护自己。"这一段文字,从妈妈引领孩子思考开始,到孩子从文字的表面思考蕴于其中的内涵。这个男孩始终没有被说服,他坚持这块石头最终是有用途的,最后他帮助一个女孩修补好了她心爱的布娃娃。这个布娃娃的一个蓝眼睛不见了,这块光滑的鹅卵石成了布娃娃的眼睛,哭泣的女孩不再悲伤。这时候孩子突然说:"他是对的,这块石头是有用的。"

这就是孩子对故事的一个很好的总结吧,妈妈又问她:"你喜欢这个男孩吗?"孩子说:"当然,他有爱心,乐于助人,坚持自己的想法。"其实,这正是妈妈想要的——阅读后的延展与提升。一次又一次的提升会有助于孩子优秀品质的养成,就在这样的陪伴中,书中的正能量会一天天地影响孩子,这就是所谓的"润物细无声"吧。

都说教学的最高境界是"让学生感受不到自己是在学习"。卢梭在《爱弥儿》里反复提到,跟孩子讲道理是最无效的教育。在孩子品格养成的过程中,讲太多的道理会吞噬孩子的童真和想象力。跟听一番大道理来比,孩子更喜欢自己去经历。孩子个人对事物的理解决定着他的成长,而不是家长们讲的那些道理。家庭阅读的发生不仅能培养孩子良好的读书习惯,还能通过书本巧妙地跟孩子讲"道理",让孩子在阅读的过程中不断历练自己的品格。

（三）社 会 阅 读

社会阅读即在社会环境中，通过对社会的各个方面展开的关注，以及社会环境对学生的反作用影响，两者共同施力以提升小学生核心品格的大阅读教育。社会阅读的发生，其教育践行重在思维模式及生活方式的改变。

社会阅读可以是所有人的终身教育过程，其为受教育对象所提供的教育资源的广泛性是其他教育难以企及的，它涉及人类生活、活动的全部过程，因而社会阅读环境的资源品质往往是该教育践行的逻辑起点。

另外，推动自觉践行是社会阅读实践品格教育的内生力，也意味着面对社会环境时，受教育者能做到"知行合一"，达到情感、态度、价值观的统一。

1. 阅读身边人

真正的教育其实应该是自我教育，而自我教育的依据内容、动力从哪里来，那就是善于阅读，尤其是阅读身边的榜样。在阅读时慢慢联系到自己，自我反思，自我批评，自我规劝，这就是自我教育，它远胜过其他的一切教育。

在童园实验小学的大阅读活动中，从对身边人的关注到自我的反思与成长，是学生以榜样获取力量的成功经验。

再遇《童园童言》

比如曾开展的"静读、细思、成长——再遇《童园童言》"活动。这次,通过三个阶段的体验活动,见证自己的成长。活动的第一阶段为"阅读静悄悄",在静静地再次阅读《童园童言》中,回忆曾经参加过的"文化滋养"系列活动,重温快乐,寻找收获。第二阶段为"我思我悟"。在老师的引导下,孩子们细细思考,将过去的自己和现在的自己进行对照,悟出自己在童园的收获和成长,并用文字记录下来。第三阶段为"遇见童园"主题班队会活动。在活动中,孩子们分享自己在童园的成长故事,发现身边优秀的人和事,实现思维的碰撞。最后,通过评选,一批小朋友获得了"成长之星"的荣誉称号。

在反思与回顾中,一幕幕场景浮现眼前:老师的谆谆教诲让自己温暖感动,丰富的阅读活动让自己体验成长,可亲可爱的伙伴让自己收获学识。

阅读"逆行者"

2019 年年末 2020 年岁首,一场突如其来的新冠肺炎疫情牵动着全国人民的心,也让孩子们的这一个寒假变得如此与众不同。从疫情之初的果断"封城",到以"中国速度"同时间赛跑,再到一手抓防疫、一手抓经济社会发展。在党中央坚强领导下,在全国人民全力以赴落实各项防控措施下,当前新冠病毒传播蔓延势头已得到控制。作为童园的孩子,在学校"大阅读"理念的引领下,他们从小学生的视角去看待这一场将他们"困"在家中的疫情,成了一个个会"阅读身边人"的阅读者。

在这次"停课不停学"的过程中,孩子们阅读了"身边人",他们可能是一群肩负特殊使命的志愿者:戴上口罩、穿上红马甲挺身而出,帮拿快递、为老人送菜上门、为隔离家庭扔垃圾。孩子们阅读着他们穿梭在楼道中的身影,并化作了笔下一幅幅动人的画卷和一行行暖心的文字。

孩子们阅读了"逆行者",在我校就有一些孩子阅读了他们的父母坚定地走向最艰难的地方,孩子一夜长大,体会着坚韧与担当。他们每天阅读电视上的疫情报道,将自己的思念化作一幅幅画、一封封信,并思考着"位卑未敢忘忧国"的个人担当,思考着"舍小家为大家"的伟大情怀。还有些孩子虽然看不清口罩后的一张张脸,但他们带着阅读后的感恩之心、凭借着想象画下了自己心目中的"最美逆行者"。孩子们还阅读了疫情中"我们的国家""我们的民族",在历史长河中,中华民族历经无数艰难困苦,从来都是高昂头颅,顽强抗争,不曾被压垮。这一次,历经两个多月,从按下"暂停键"到"重启",孩子们亲眼见证了制度的优势、人民的团结、祖国的强大。孩子们阅读了"身边人",感受到了普通人身上的不平凡时刻。孩子们阅读了"逆行者",明白了有这样一群可爱的人在替我们负重前行。孩子们阅读了"国家民族",体会到了中国人民有信仰、民族有希望、国家有力量的含义所在。

走近"身边的党员"

秉承着"全方位地组织与提供学习资源,把学习的责任还给学习者,触发童园学生的学习内驱力"的理念,学校抓住"建党100周年"这一重大纪念活动的契机,与家长联手帮助学生寻找身边的学习资源、创设学习路径,把学习的责任交还给学生,开展"走近身边党员"的学习活动。

在这次活动中,找寻指向帮助学生回顾党的历史、明晰幸福生活来之不易的"红色岁月"的征程,指向激发学生锤炼自强不息的奋斗精神、根植科学发展实现民族复兴中国梦的"科研先锋"案例,指向鼓励学生志存高远的大爱情怀、提升勇于承担社会责任意识的"互助大爱"事迹,指向帮助学生认识到普通岗位也能为国家做贡献、每一个坚守岗位的劳动者都是英雄的"平凡岗位"的故事。

春暖花开的 4 月,学生们有的走进法院诉讼中心,有的走进"幸福里弄"居委,有的走进 20 世纪 50 年代"巾帼英才"的家中,有的走进"劳模创新工作室"……他们在"红色小课堂"中倾听了党员的故事,在"对话优秀党员"中解决了自己的困惑。在了解中国共产党风雨砥砺的历史、共产党员们排除万难用实际行动为党旗增光添彩的过程中,学生们厚植了爱党爱国爱社会主义的情怀,并在《童园童言》的字里行间中流淌出从小立志担当民族复兴大任的坚定信念。

2. 关注周遭事

社会阅读中关注周遭事是在社会环境资源之下以育德为核心的大阅读实践的又一种方式。可以说,关注周遭事着眼于通过对社会环境的观察和发现,提炼自我认知和完善正向品格,着眼于品格的全面发展。具备社会环境正向之"德"的人必然具备全球视野,并能适应未来发展。这不仅符合论证逻辑,也符合 21 世纪核心素养的内在意涵——"乐于接受新经验""准备接受新挑战"及"树立面向现在与未来的正确价值取向"。在这样的品格培养下的小学生具有关照生命及自然界的胸怀,具有将公平正义精神伸张的气度,这正是"共同体概念"在品格培养维度上的延展。

有这样一位母亲,在童园实验小学"行走课程"理念引领下,带着孩子读万卷书、行万里路实践了"所见皆是阅读"。

走出去看一看

因为周末没有报课外机构,女儿的课余时间会比较多,大多数的休息天我们都会出门,平时就是市内或者上海周边,假期可能会稍微走远一点。对于小朋友来说,书里读到的东西亲身去体会是一件很有意思的事儿。

比如,女儿很喜欢上海自然博物馆,已经去了大概有十次了,基本上是在看什么书就会去看哪个主题。上个周末去的时候她正在看《大灭绝时代》,刚好赶上达尔文中心那层有张近期灭绝动物的巨幅年代表,她指着1844年灭绝的大海雀说:"妈妈,看,达尔文当年还见到过,长得像不像企鹅?"

在西湖边散步,经过苏堤白堤我们会聊起苏东坡和白居易,从杭州别称临安从何而来,我们又会讲起金人入侵、南宋朝廷偏居一隅的历史。

去南昌之前,她看过王勃的故事,也给她读过《滕王阁序》,于是一个小小的楼她上上下下参观了三个钟头还不愿走。

寒假在北京旅游的时候,带她去了中国国家博物馆,进门她就给我讲了她在《我们爱科学》画报上看到红山文化玉龙工艺的神奇之处,话音刚落转个弯就在面前出现了红山玉龙实物,我至今仍记得她眼神里透出来的那份惊喜。

3. 抒发爱国情

在阅读的过程中,开展丰富多彩的实践活动,让孩子们的学习不止步于课本,阅读内容的延伸、阅读方式的拓展,开展与课内学习相关联的各种阅读活动,通过从课内走向课外,达到以"知"为启迪、以"情"为感动,最终以"行"来获得的不断完善与提升,以此进一步推动学生能力的提升和品格的塑造。

活动中,以人文主题为引领、以在线阅读为方式、以生生合作来开展、以教师引导促推进,阅读发生于实践领域,学用结合,通过亲身参与,获得正确的认知和品格的提升。这对小学生开展爱国主义教育也是十分重要的,在童园实验小学,就是以特别的阅读开展,引导学生在大阅读活动中为祖国喝彩。

红色博物馆之旅

活动中,教师打通空间与地域的限制,不断增强孩子们的新鲜感,吸引他们以更大的热情在"红色博物馆"大情境中开展学习。同普通的博物馆参观不同的是,充分运用现代科技给学习带来的便利,在老师有针对性的引导下,学生通过互联网,快速搜索信息,搜罗以专题系列为索引的全国范围内的相关博物馆,有针对性地挑选各式藏品,从而开展形式多样的博物馆主题阅读活动。

丰富的阅读体验——在线上"红色博物馆"阅读活动中,教师充分关注学生的阅读获得、阅读感受,重过程中的即时生成。选择了丰富的博物馆资源,提供给学生多样的阅读方式,在过程中引导学生关注阅读的多个方面,从而获得丰富的体验。

在线上"红色博物馆"系列中,引导孩子们从多视角看我们的祖国,体悟祖国的强大,从而产生一种发自内心的对中华文明、中华民族历史积淀的崇拜感和自豪感。

阅读活动的策略——以"使学生取得最大收获"为目标,以"教师引导+学生自主"为策略,推进"红色博物馆"阅读活动的开展。为了保证活动效果的最优化,过程中,提出了如下几个关注。

关注活动兴趣的激发——在活动过程中,教师积极创造条件并采取多种方法激发学生参与活动的兴趣。开设了"追念先贤"的阅读交流平台,让孩子们畅谈自己观展后知晓的先贤故事;开设了"我思我行"的阅读思辨平台,让孩子们面对博物馆馆藏,思考它们从哪里开始,又会走向何处。孩子们进行追问,开展探寻,最终明白任何文化甚至个人的发展、创新和创造都不能脱离自己的源，这就是当下的努力和拼搏。

关注活动过程的引导——在"红色博物馆"活动实施的过程中，教师的引导极其重要，需要教师在过程中适时引导、点拨、评价、鼓励。引导的关键在于"时机"和"方式"。

比如，观展收藏在湖北省博物馆内的元青花。过程中，从网上观展时教师的观展解说引导，帮助学生无障碍地开展博物馆之旅，到理清脉络、了解相关事件的阅读点拨，引导学生从阅读展品背后的内容中去分析、思考，收获答案，再到帮助学生在多样有趣的活动平台中体悟中华文化的博大精深，这一系列的过程都体现了在正确的"时机"下运用恰当的"方式"助学生收获较好学习效果的重要之处。

关注成果评价的多样——评价是反映活动开展是否有效的手段。在"红色博物馆"活动中，通过多维度的评价来展现学生的学习成果，同时，也以此来激发学生参与活动的热情。在"中华"视野下，从如下几个方面对学生的活动过程开展评价：一是"好读"；二是"善思"；三是"乐说"；四是"明理"。

在课堂教学之后，学生关键能力的提升，家国情怀的浸润，在"红色博物馆"活动中获得了延伸。阅读、思考、合作、分享、体悟，过程中学生立足现在看过去、展未来，对祖国的崇敬、对世界发展的了解、对未来生活的憧憬更激发了他们立志成为能肩负起民族复兴大任的时代新人。

阅读博物馆，阅读人类文明的历史记忆，阅读一个除了衣食住行之外的更大更宽广的世界。教师力求能探索出一条从课内走向课外的学习链，在这一阅读实践活动中，孩子们实践了课内习得的阅读方法，读懂、梳理出了中华文化发展的线索，并由衷地产生了一种发自内心的对人类文明、民族历史积淀的崇拜感和自豪感。他们更体会到了阅读可以无处不在，阅读可以让自己更充实。教师也在这一活动中获得了成长。

经典动画之旅

10月份,学校举行了文化滋养系列活动之"手写童园童言,重温神州记忆"阅读活动。各年级的孩子们通过阅读从不同的视角见证了伟大祖国的悠久历史和翻天覆地的变化。学生深切感受到作为一个中国人的骄傲,他们把赞美与感想通过文字汇聚进《童园童言》,把自己对祖国的热爱延续下去。

动画片是小朋友们的最爱。伴着改革开放带来的政策红利,动漫行业更是迎来重大发展机会,由最初的黑白木偶、剪纸动画片,发展成现在的彩色3D的动画。二年级的同学们观看了《神笔马良》《哪吒闹海》《新大头儿子小头爸爸》等重制动画,通过对比新旧动画片,不仅让孩子感受到我国动漫行业取得的重大发展,同时也通过动画片中衣食住行等方面的巨大变化,让孩子们从另一个侧面见证了祖国的强盛。

中国的传统文化博大精深,在我们生活中处处可见,从人们饮食到喝茶,从旅游的景点到名人名言。三年级的孩子们,在老师的带领下,研读了《中华美食》《七大古都史话》《茶饮史话》等书籍,去找寻神州的那份记忆。

四年级的学生手捧《上下五千年》《写给儿童的中国历史》《历史穿越报》等书,通过名人的眼睛,去感受别样的世界。历史是鲜活的,能够在史上留名的人物往往有着许多宝贵的品质或伟大的功业,读历史故事,读这些名人的故事,不仅能开阔眼界,还让孩子们生起仰慕之心,立志效法,激发爱国情怀。

特别的"追星"

共和国勋章,象征国家最高荣誉,目前授予了九位为中国做出杰出贡献的人。每一枚勋章奖章的背后,都书写着70年来新中国走过的风风雨雨,更铭刻着几代人不可磨灭的功勋。五年级的孩子们跟随着全国人民的脚步,进行了一次另类的"追星"。他们查阅人物故事,学习前辈们努力奋斗、无私奉献的精神。以书信的形式,对心目中的英雄抒发了自己由衷的敬佩之情。一个有希望的民族不能没有英雄,一个有前途的国家不能没有先锋。一切民族英雄,都是中华民族的脊梁,他们的事迹和精神都是激励我们前行的强大力量。

面对国际化的世界,学生首先需要了解自己国家的文化。活动中,通过跨领域、多形式的阅读,让孩子从不同角度了解祖国的文化,勉励小朋友们要珍惜现在的幸福生活,以实际行动弘扬爱国主义精神。

阅读空间与品格历练,存在着相互依存的关系。

阅读空间,是在不同的地方、不同的情境实施阅读的位置。这样的位置,由于有不同人群的不同"伙伴"而产生了特殊的氛围。

阅读空间,提供了学校、家庭、社会等不同的空间,相对应的阅读情结、阅读境遇都会表现出来。而人的品格就是与人群,包括师生、亲子、公民等互动中显现出来的。

品格,往往是在做事和交往中体现出来的,尤其是在公共场合、集体场景中更容易表现出来。这些空间,客观上就是品格历练的场合。

阅读空间的移动为品格历练提供磨砺场,阅读空间的标配为品格历练提供背景。因此,借助阅读空间及其所赋予的意义和价值,对品格历练绝对是一个正能量。

四、阅读分众与品格形成

如果说,阅读是横断面的,是一个没有边际的海洋,那么阅读对象就是纵断面的,是由一个个阅读对象组成的。

阅读,虽是整个社会的行为,但不同阅读对象会形成一个分众的状态,且这种状态对阅读能产生的品格是有所不同的。

(一) 个 体 阅 读

"阅读是搜集处理信息、认识世界、发展思维、获得审美体验的重要途径。阅读教学是学生、教师、教科书编者、文本之间的多重对话,是思想碰撞和心灵交流的动态过程。阅读中的对话和交流应指向每一个学生的个体阅读。教师既是与学生平等的对话者之一,又是课堂阅读活动的组织者、学生阅读的促进者。教师要为学生的阅读实践创设良好环境,提供有利条件,充分关注学生阅读态度的主动性、阅读需求的多样性、阅读心理的独特性。尊重学生个人的见解,应鼓励学生批判质疑,发表不同意见。教师的点拨是必要的,但不能以自己的分析讲解代替学生的独立阅读。"《高中语文课程标准》这样说。

虽然,这是《高中语文课程标准》中的阐述,但是,这也应当成为基础教育阶段的教育方向。从上述课程标准中我们看到了"个体""个人"

和"独立"这些词眼,显然,在推进阅读的过程中,在实现阅读育人的过程中,关注"个体阅读"应该成为一个被重视的方面。

"个体阅读"是一个十分重要的概念。因为任何"阅读"的发生都是建立在"个体自我阅读"基础之上的。无论是谁离开了"个体阅读",缺失了自我对文本的认知、理解和感悟,缺少了自我阅读中的思考和探究,那什么"多重对话""思想碰撞""心灵交流"等就都成了无源之水、无本之木。

因此,如果要实现阅读育人,在阅读的过程中促动思维的成长与品格的提升,就应该扎实地引导学生开展"个体阅读"。

"个体阅读"在中国有着悠久的历史,也称为"细读"。在《现代汉语词典》中,"细"字的解释为:仔细、详细、周密。那"细读"则可以理解为:仔细地读,详细地读,周密地读,是读与思的结合,体现的是阅读的"全"与"深",表现的是"专注的阅读""深入的思考",是一种不读明白不罢休的态势。

1. 专注的阅读

在远古时代,人必须时刻保持对周边环境的注意,每一处异动、每一种叫声,甚至每一种气味的变化,都需要注意,要不然就会性命不保,这决定了人天生就容易分心。但是,随着时代的发展和变迁,在保持时刻关注周遭的警惕之余,我们更应该培养的是静下心专注做事的习惯。我们经常会听人说,这个孩子之所以学习好,就是因为他静得下心,坐得住,这就是专注。养成做事专注习惯的好处不胜枚举,培养专注力的方法也有很多,其中有效的也不少。但是,相较于适合成人的那些方式,放到小学生身上就显得不那么适切。个体阅读的深入开展,为小学生提供了发展思维品质、支持品格发展的丰沃土壤。

阅读是语言与思维相互作用的过程。阅读者凭借阅读材料中具有客观意义的文字符号，通过识记、理解、运用、分析、综合、评价等从阅读材料中获得认知的提升。阅读既是学生从文字符号中获取信息积累知识的活动，也是学生通过接受以语言为媒介的情感教育与文学熏陶，发展能力、陶冶情操和塑造个体品格的活动。

（1）有目的地读

有目的地阅读是学生在阅读过程中有意识地追求某些结果的一种阅读活动。带着目的去阅读，让学生在目标驱动下选择适切的阅读方式，进而集中且专注地开展阅读活动。过程中，引导学生根据自己的阅读目的，选择恰当的阅读材料，以减少阅读干扰，选择恰当的阅读方法，最终达成实现专注阅读、提高阅读质量的目的。

在学生有目的阅读的过程中，教师可以以阅读目的的设定及检查来检验学生是否在阅读中做到了专注。例如，在高年级学生阅读《西游记》的过程中，教师设计了不同维度的"自读学习单"，如：① 完成知识性提问单，包括简单的事实提问、推论性提问以及评价性提问。② 在原文中标注出精彩的词句段，在旁边做上批注。③ 为书中人物拟人物成长进阶图（图案、事件、性格、颁奖理由等）。④ 试着仿照精彩部分，抓住刻画人物写法，仿写片段。层层递进的学习单可以逐步提高学生的思考能力，从而真正提升学生的阅读能力。此外，每堂课开始的时候，教师也会请学生上台进行交流、讨论。学生在静心阅读中也关注到了许多值得思考的问题，如有的同学抓住了"紧箍咒"这条线索，感悟了孙悟空的成长历程；有的同学关注主人公不同的人物性格，用大量的事例加以佐证。整个阅读活动的过程因为阅读有目的，学生的专注度较以往有了很大的提升，每个学生都在原有的基础上学有所得。

在低年级阅读活动中，有目的阅读的指向也为学生专注阅读提供了保障。为了让孩子专心阅读,教师搜索了8个创意读书游戏:① 我就是主角。② 邀请故事的主角来赴宴。③ 给故事画一张故事发生的时间表。④ 我是小记者。⑤ 给故事画一张图。⑥ 故事的前传和后传。⑦ 换一个角度读故事。⑧ 给故事设计封面和插图。这些游戏其实都是让即将开始的阅读带着目的发生。

统编教材一年级第一学期《语文园地四》"和大人一起读"中的《小松鼠找花生》,教师就运用了"我是小记者"的创意读书游戏。在读之前,交代孩子,读完以后,你们是记者,一会儿要向老师提问题。至少要有三个问题哦! 之后学生的问题提得也很有水平,例如,小松鼠最后找到花生了吗? 花生的花是什么颜色的? 是谁把花生摘走了呢? 等等。

根据孩子的提问,教师进行了阅读单的设计:

我来问,你来答(圈出正确的序号)	1. 问:花生开的花是什么颜色的? A. 白色　B. 金黄色
	2. 问:小松鼠看见花生了吗? A. 看见　B. 没看见
	3. 问:"自言自语"是什么意思? A. 你来问我来答　B. 自己问自己答
	我还想问:

让孩子们根据阅读单再一次进行阅读。就在这样一次次有目的的阅读过程中,孩子的阅读专注度不断提升,良好的阅读习惯也随之慢慢养成。

比如,《一只想飞的猫》是二年级"快乐读书吧"推荐的一本童话故事书。书中主要讲了一只骄傲自大、好逸恶劳,对待朋友顽皮无礼的猫,它说话做事不切实际,一心想飞,却最终摔了跟头的故事。这篇故事篇幅较长,对于刚刚升入二年级的学生来说,要做到专心阅读并不是一件容易的事。因此,教师尝试帮助学生制订合理的阅读计划,让孩子明白每一个阅读环节我要干什么,带着目的去阅读,从而提升学生长时间阅读的专注力。在课前导读环节,根据书中推荐的阅读计划表格,教师指导学生制订自己的阅读计划。例如在阅读计划中补充设置一栏"我还想知道"的环节,指导学生可以将自己在阅读过程产生的疑惑记录在计划表格中,并提醒自己在下一段阅读中去关注,从而更深入地去理解故事的内容。这种带着问题的有目的阅读并不是在增加孩子的负担,而是在培养孩子对阅读的兴趣,在提升阅读水平的同时也慢慢帮助孩子形成专注阅读的习惯。

再如,学生阅读《尼尔斯骑鹅旅行记》之前,教师布置了一个任务:读完这本书后,我们要进行阅读竞答比赛,出题者就是你们。听完后,学生一脸疑惑,纷纷举起了手,有的孩子问该怎么出题,有的孩子问道什么样的题目才是合适的,还有孩子已经跃跃欲试了,说能不能出一些特别难的题目。接着,教师针对学生的问题,进行引导,告诉孩子可以是故事情节、内容方面的问题,可以是文章结构方面的问题,可以是语言表达方面的问题,甚至还可以是书本之外的,与作者的身世、写作背景有关的一系列问题……

果不其然,这个活动引发了孩子的极大兴趣,原本捧着一本书就读的孩子开始手握铅笔和尺,遇到关键信息就马上画下来。教师随手翻阅了一个孩子的书,发现书中画了许多问号,原来这都是可以提问的地方。但在过程中,教师也发现了问题,有的孩子对自己提出的问题的答案并不十分清楚。教师随即补充,竞答比赛时,如果同学答不出,那出题的"小老师"就得上台来"讲评"题目。新的要求,新的挑战,激发了孩子更多的求知欲和探索欲。第二天,教师就发现有一个孩子带来了一张地图,原来他想请同学来圈一圈尼尔斯旅行过的地方,真是有创意啊!

（2）有期待地读

《语文课程标准》指出:"逐步培养学生探究性阅读和创造性阅读的

能力，提倡多角度、有创意的阅读，利用阅读期待、阅读反思和批判等环节，拓展思维空间，提高阅读质量。"这里提到了"阅读期待"，在 20 世纪 60 年代后期，德国学者姚斯和伊瑟尔提出了接受美学理论，其核心概念便是"期待视野"，即"读者接触作品前已有的潜在的审美期待，是由阅读经验的积累而产生的先验心理结构"，也就是读者在阅读接受的活动中，由于自身的经验、知识、素养、心理等对作品形成的标准和期望。

"阅读期待"是一种迫切求知的心理状态，能更好地激起学生体验和探究的欲望，将学生的心态从老师"要我读"转变为自己提出"我要读""我想读"。阅读期待很大程度上决定阅读是否能够深入。可以看出，"阅读期待"在提升阅读质量上是有着重要的作用的，同时，也是提升阅读专注度的一个很有效的方式。

在教学《美丽的小兴安岭》一课时，教师出示中国地图和东北地图，带领学生进入课文中的情境："同学们，我们的祖国风景如画，老师曾经带领大家一起游山玩水，欣赏过日月潭绮丽的风光，领略过西沙群岛的美丽与富饶，游玩过天下第一的桂林山水。今天，我们又要开启新的旅程，带大家去祖国的北方看一看。"教师播放小兴安岭图片以及舒缓的轻音乐，简单介绍："现在我们来到中国的最东北部，这里除了是冰雪乐园之外，还有许多美丽富饶的群山，今天我们将要去游览的就是其中的一小部分群山，它们叫'小兴安岭'。"此时，学生都已经被图中小兴安岭的美景所吸引，眼神带着向往和期待。紧接着，教师让学生自己做出选择再进行阅读："我们怀着轻松愉悦的心情来到了小兴安岭，但在四个季节中，只能选择看它其中一个季节，你们会选择哪一个呢？"学生顿时陷入了思考之中，有的学生直接根据自己的喜好进行选择，有的学生联系生活经历，因为从小生活在上海，没见过雪，所以想看冬天的小兴安岭……结合学生的基本特点和兴趣，阅读期待让学生很快专注地投入到了阅读的过程中。

从阅读的心理看，阅读期待是读者自己内心所预想的情境，也反映了每个人不同的知识储备、爱好倾向、解读能力，从而构成了综合性的阅读水准和欣赏要求。

比如，《二年级的小豆豆》，这本书本身就很幽默风趣，能吸引孩子读下去，教师让孩子阅读时，把自己当作主人公，去体会文本所表达的内核。正是因为每一个孩子的不同，经过一段时间后，教师发现孩子们眼神里充满了对故事的向往。找来两名同学，进行询问。学生 A 说："把自己当作主角后，就能进入到故事里，特别是小豆豆的美术课，实在是太有趣了，我也希望王老师给我们画同学的画像，我肯定能把王老师画得美美的。"学生 B 说："我是女生，但当自己成为小豆豆时，我好快乐，好喜欢小豆豆的美术课，当然，我们王老师的美术课也很棒呢！"

通过交流发现，当孩子们把自己当作主角后，他们能很专注地投入到故事中，而且也会把故事和自己的生活实际进行勾连，甚至会有自己丰富的想象，这些都源于不同经历的阅读期待不一样。在这样的引导下阅读，会使孩子静下心来读，沉浸在有趣的故事中，也会读得更深入，更透彻。

接受美学认为，读者的期待视野与作品之间具有一种审美距离，当作品的内容、情节出乎意料，但又入情入理时，学生阅读兴趣便会高涨。因此，可以根据学生的年龄特征推荐一些适合"口味"的课外读物以促进阅读期待的发生。

低年级的小学生比较喜欢图文并茂的注音读物，特别是一些童话、寓言、英雄故事等。班级图书角内有很多的书籍就是童话书。为了让学生开始专心阅读书籍，教师利用孩子喜欢听故事的天性，抓住童话故事中的情节冲突,在口语交际课上,给学生挑选其中的一个片段进行朗读,学生们听得津津有味,意犹未尽。然后再将书推荐给学生,并告知他们,书中还有很多这样好看的故事,希望大家能认真阅读,等书看完了还将举行一个"故事交流会"。在这之后的晨读时间,连原来最调皮的几个男生到了教室后,也不再拖拉,而是赶紧放下书包,坐在了座位上开始专心阅读。过程中,每当他们又懈怠的时候,教师会借助下课交谈的时机,和他们探讨故事情节,有时故意透露一点点故事后面发生的情节,有时故意说错已经阅读的几个情节,孩子们在猜测和纠错中产生了对继续阅读的期待,促使他们的阅读逐步走向坚持与专注。

2. 深入的思考

个体阅读是学生基于自我认知的一种自我阅读行为,是学生充分依赖于自身阅读需求的阅读形式,是学生完全释放自我,在自我选择、自我体验的过程中开展的阅读活动。其中,边阅读边思考是提升个体阅读质量的重要保障,思考的过程包含了分析、质疑、鉴赏、批判、感悟等的发生,是助力学生坚持并高效开展个体阅读的支点。

（1）不动笔墨不读书

鲁迅先生曾提出,读书要"眼到、口到、心到、手到、脑到"。不动笔墨不读书。读书动笔,利于学生在阅读过程中理解、感悟,随时记录阅读中的收获和体会。

阅读笔记

有一句口头禅:好记性不如烂笔头。言下之意就是要会做笔记。笔记是阅读过程中的一种思考活动,它是学生在阅读中发现问题、分析问题、解决问题的思维过程和思维结果的真实记载。阅读笔记是学生思维方式方法的更新和调整、思维成果的巩固和运用。不记笔记,学生的阅读过程常处于一种混沌无序的状态,对阅读中出现的深层内涵的认识和把握只能意会而无法言传。通过阅读笔记就能在短时间内把思维的无序状态变为有序可循状态,把意义的混沌模糊变为清楚明了,迫使学生思维主体集中注意力去感知阅读对象,迅速分解阅读内容,把握其内在联系,按不同层次重新综合创造出新的阅读体验。其中包括了发散性思维和聚合性思维活动,对于提高学生的阅读思考力是十分重要的。

圈画批注

学生阅读时用笔圈圈画画、做批注,是在阅读过程中思维不断向前推进、思想不断向深度发展的过程。阅读时,一边读一边在书上圈圈画画、勾勾描描;一边读一边想着作者写这个故事的目的是什么、故事中的主人公为什么这样做,有时在圈画批注的同时还可以在脑子里把故事里的情节描绘成一幅图画。在阅读的过程中,可以鼓励学生开展探究性的阅读,突出问题意识。让学生带着问题去阅读,带着提出某些新见解的目的去发现以前未曾有过的答案,超越作者本意,产生创造性的阅读结论,把这些结论随时随地地呈现在阅读的过程中,呈现在阅读的书籍上。

思维导图

思维导图又叫"心智导图",是表达发散性思维的有效图形思维工具,它简单却又很有效,是一种实用性的思维工具。思维导图运用图文并重的技巧,成倍地提高阅读效率,激发联想与创意,形成系统的阅读和思维的习惯。

思维导图本身的发散和收敛作用在很多领域都能很好地应用,在阅读中也不例外。通常有这样的情况,学生在读完一本书之后不仅大部分的内容都记不太起来了,深层次的体验感悟以及分析评价更无从下手,这也大大降低了学生个体阅读的质量。思维导图就能在阅读中帮助学生积极主动地思考,作为思维工具的优势就显现出来了。

比如阅读《名人传——林肯》一书时,教师就选择进行思维导图的绘制,以此来帮助学生边阅读边思考。

孩子们以个体为单位阅读《林肯》传记,寻找并选取不同角度的绘制切入点,我们称之为大树的主枝干:或从时间推移入手,或从地点转换入手,或从影响林肯的关键人物入手,或从林肯思想情感变化入手,或从故事主要情节入手,帮助学生开展自我的有目的阅读。在阅读的过程中,学生带着自己的阅读目的,从确认重要信息开始,可采用建立联系、推论、自我提问等阅读策略,理清彼此前后的逻辑关系,慢慢丰富"枝丫树叶",绘制出一张张林肯成长的思维导图。

基于思维导图的学生自我理解,教师又以引发认知冲突为突破,让学生再以解决认知冲突为目的,继续阅读书籍,多角度、多途径地理清林肯成长的轨迹,进一步补充思维导图,从而走入分析、综合的高阶思维阶段,深入理解书中所阐述的价值观。

(2) 做好随时随地与人分享的准备

个体阅读的过程是自我理解、自我内化、自我分析与鉴赏的过程,是不断充实精神生活,完善自我人格,提升人生境界,逐步加深对个人与他人、个人与国家、个人与社会、个人与自然关系思考的过程。每一个人的阅读目的都有所不同,但是,无论是为什么而开始阅读,开始阅读后就应该有随时随地与他人分享自己阅读感受的冲动,这种冲动来源于阅读中深入的思考,来源于与阅读内容的亲密对话,来源于高质量的个体阅读,久而久之,在个体阅读的过程中就会养成边读边思、深入思考的习惯。

于漪老师说:"语文教师应该从学生的思想情感、知识能力、运用文章精妙之处,开启学生的思维窍门。"思维能力是阅读能力的核心,而思维能力的提升很大程度上也有赖于通过分享实现自我验证的再认识。个体阅读以人为本。这种阅读是一种人文性的阅读，它要求学生敞开心扉与文本进行心灵的沟通，在发展阅读技能的同时，凸显人文关怀。为了激励学生在自我阅读中做好随时随地与人分享的准备，教师就要为学生提供后续分享交流的平台，引导学生在个体阅读中随时总结自己的感悟，过程中阶段性地加强个体阅读的指导，引导学生选择合适的阅读材料，使学生受到优秀文化的熏陶，塑造积极进取的精神品格。

（3）参与指向深度阅读的语文实践活动

为了撬动学生个体阅读过程中深入思考的发生，通过活动的影响，在深度阅读的指引下，帮助学生形成思考路径，获得思考方法，养成思考习惯。

——实践活动的历史与发展

早在古希腊时期，苏格拉底就通过设置情境与"助产术"的提问策略在课堂中引导学生，其学生柏拉图提倡"儿童游戏场"，通过多种表演形式让学生主动参与到学习中，这是最早的"实践活动"的萌芽阶段。近代以来，随着人文主义的提出与兴起，卢梭、蒙台梭利等教育家都强调了儿童在学习中的主体地位；20世纪，杜威以儿童中心理论为基础使活动课程正式登上了教育的舞台。

——各国实践活动的设置

目前，世界各国都开设了一系列综合实践活动课程，具有整体性、实践性、生活性等特点。美国综合实践性的课程有科技与社会研究（STS）、设计学习（PDL）与社会参与性学习（social participating learning），英国的综合实践课程主要为社会研究（social studies）和设计学习（project design learning）。日本开设的"综合学习时间"要求学生以体验、感悟的方式探究社会，具有综合实践活动的特征。相关学者认为国外综合实践活动具有以下特点：校本课程普及、教师素养优良、课程设置清晰、客观条件优越、内涵贯彻有力。

——国内语文实践活动的发展与研究

在我国古代，孔子早在春秋时期就提出了学以致用与知行合一的观点，体现了注重实践的活动课程观。近代受杜威来华讲学的影响，陶行知提出"生活即教育"的教育理念。20世纪80年代起进行的教育改革，教育部将综合实践活动纳入课程计划中，规定其为三年级以上的必修课程，2011版《义务教育语文课程标准》对"综合性学习"做出了明确规定，重视学生的探究能力和创新思维。近年来，很多学者与一线教师也进行了相关研究与实践，在小学语文综合实践活动上达成了以下共识，肯定了小学语文综合实践活动对学生综合素质的提升价值。

广大语文教学工作者都认为小学语文综合实践活动可以通过将语文与生活融为一体，学以致用，体现课程整合的优势。有学者认为小学语文综合实践活动符合小学语文学习的规律，可以激发学生语文学习的兴趣，丰富语文学习的内容，有利于培养学生的实践能力和创新精神，培养学生的合作学习能力。开展小学语文综合实践活动可以满足学生成长的客观需求，加强学生与社会、生活的联系，使其通过大量的实践体验提升创新能力。

——深度阅读的意义解读

国外学者对于深度阅读（deep reading）存在不同角度的界定。美国文学评论家斯文·伯克茨最早在1994年提出阅读的发生是受阅读者控制的，是通过书中的世界幻想自己的生活。美国心理学家玛丽安娜·沃尔夫认为只有通过推理、演绎、类比、分析、反思等手段或方法推动阅读者理解的才是深度阅读。

有学者认为深度阅读并非对文本的简单理解，而是感悟作者潜在的内涵，丰富了审美情趣之后对知识、情感等的重建过程。还有学者提出深度阅读包含三个层次：诠释理解的基础阅读，回溯时代理解文本，联系实际思考意义。小学生参与的此类语文综合实践活动是深度学习视阈下的延伸，是学习者在理解作品的基础上进行批判性思考与体验性感悟的过程。其中，深度阅读是深度学习在阅读过程中的一种实践，是实现学生通过阅读路径获得全方位成长的一种有效方式。

——深度阅读的实施条件

深度阅读的发生需要外环境有来自学校及家长的支持；内环境为教师的自身素质，即先进的教学理念与深度多元的文本解读；以及学生的自身素质与期待。以上三个要素是深度阅读发生的前提条件。

——评析深度阅读的指标

阅读需要处理好深度阅读与学生的接受能力的关系、深度阅读与不同阅读材料的关系、深度阅读中广度与深度的关系。还有学者提出评价语文深度阅读的根本性指标在于知识深度、思维深度和关系深度，即：知识的批判理解、整合构建、迁移运用；阅读思维的认知性、理解性、评价性；学生与生活之间的探索、发现和创造关系，与教师之间的交流、沟通和共享关系。

——鼓励学生个体积极参与阅读实践活动的意义

指向深度阅读的发生为小学生成为创新型人才奠定坚实基础。

阅读是学生的个性化行为，通过深度阅读的引导，可以改变传统阅读教学及阅读活动的局限性与思维定式，使学生在自主的体验过程中走进文本的意境，感受作者的精神，以期促进学生的阅读能力和感悟能力，提升其综合语文素养。在小学阶段，提及深度阅读不仅是注重小学生阅读兴趣、阅读习惯的培养，夯实基础知识，更是为学生的高阶思维发展及其人格的完善做充分的准备，即目标直指"会思""善悟"。

思维能力在指向深度阅读的语文综合实践活动中得到充分的发展机会。

深度阅读的能力价值在于深度思维的能力。判断思维能力发展程度的标准是思维训练的层次性，即理解、运用和转化知识的能力。这些能力都能在语文综合实践活动中得到充分的发展机会。

第一，语文综合实践活动的形式多样，可激发学生阅读兴趣。从经验来看，通过语文综合实践活动，如开展课外阅读、创办小报、影视评论、演讲辩论等可使学生将生活与阅读体验相联系，自然而然地引起学生的阅读兴趣，从而进行知识的储备与迁移。

第二，语文综合实践活动内容围绕阅读发生。活动打通课内与课外，以教材为基础，围绕教材单元主题，聚焦阅读过程中的策略生成，从课内扩展至课外，再由课外回归于课内。将活动的发生分布在阅读的每一个过程之中，让读与思的结合在来回往复的活动中获得一次次的支持和锤炼，进而延伸学生视野，为学生提供载体支撑，使学生的思维能力有一个由浅至深的自主发展过程。

在指向深度阅读的语文综合实践活动中，可以为学生的思维能力发展指明方向，让学生的阅读能力得以提升，在尊重学生发展多样性的基础上助学生逐步形成深入思考的品格，为个体阅读中深度思考更有效的发生奠定物质基础。

（二）伙 伴 阅 读

伙伴，共同参与某个活动的人，一般来说，大家志趣相投，性格相合。伙伴阅读，就是由这些趣味相投的学生组合成几人的阅读小组，彼此交流阅读的收获，分享阅读的快乐，在阅读中不断丰富自己的体验，形成思想的发展,达到共同成长、共同提高的目的。

1. 学会合作

合作学习,为了完成共同的学习任务而建立明确责任分工的学习方式。过程中,还有助于互助、公正、包容等品格的发展。在伙伴阅读的过程中,可以开展各种建立在阅读基础上的活动,活动有目标、有要求、有安排,在阅读活动的推进中学会合作。过程中,在伙伴的互相鼓励中唤醒阅读的期待,带着阅读的欲望,阅读小组能够主动地介入阅读;在伙伴有序的任务分工中学会了解每一个角色的价值,大家合作制定阅读规则,每个小组再根据组员阅读情况,制定出阅读计划表等,体会合作才能使活动推进顺利的意义。

这种伙伴的"合作式"阅读能让学生体验到发现问题的兴奋和交流的快乐,使富有个性的阅读充满情趣、充满魅力,使这种阅读成为感悟、成为理解、成为鉴赏求知,使学生在心灵交流和撞击的同时调动深层次的心理思维活动。比如,结合阅读小组的共同兴趣爱好,可以开展多种项目化的阅读活动:有指向科学探秘的植物阅读活动,组员分组写观察日记,制作阅读小报,绘制和植物有关的系列绘本,共同编写植物世界童话剧本,进行表演,等等。这些伙伴阅读活动,能帮助孩子们感受阅读情趣,陶冶审美情操,提升文化品位,在小组任务分工、合作共读中完成,使学会合作成为水到渠成的结果。

2. 积极进取

伙伴阅读的过程中,同伴的激励作用不可忽视。在实践的过程中,采用相关合理适切的策略,有助于阅读过程中学生在互帮互助中形成积极进取的品格。比如,"阅读打卡"就是一个很好的例子。利用"阅读打卡"的形式,教师在班级中开展了伙伴阅读活动,同桌两人一组,班级共分为若干组。在教室后张贴"阅读山",两人每阅读半小时即可将代表自己队伍的小旗子往上移动一格,看看哪一组最先攀登到山顶。通过这样的形式使学生战胜自身惰性,养成每天阅读的好习惯,激发愿力,提升效率,促进完成。同时,在保证阅读时间的基础上,两人轮流写阅读日记,可以摘抄有新鲜感的词句,可以记录自己的感受,可以与故事里人物进行对话⋯⋯

互相学习,互相勉励,在伙伴阅读活动中,孩子们表现出了极高的积极性和热情,伙伴之间还会讨论本周阅读哪一本书、可以利用哪些时间阅读、谁先开始写阅读日记,在激励中有条理地对时间和任务进行了规划。

3. 乐于分享

著名教育家陶行知先生对学习有过这样的论述:事情该怎么做,就必须怎样学。这就是我们所说的学习"具身性"。阅读也是一种学习,所以阅读也应该是具身的,需要亲身的经历和体验。在伙伴阅读过程中,引领学生形成阅读分享框架,在积极分享的过程中经历和体验与他人交往,可以分享自己的阅读兴趣,可以分享自己的阅读方法,也可以分享自己的阅读体验。分享的过程就是交往的过程,就是互相包容、互相尊重的品格实践。

从心理学研究来看,学生的成长需要伙伴的支持和帮助。伙伴阅读中的分享,就是学生利用自身的经验和知识,在对文本的理解中,形成自己个性化的感受和观点,并能分享给他人的过程。在与他人分享的过程中,因为是同龄伙伴,就更容易产生认同感,更易于深入交流。遇到共鸣时可以进一步补充自己的思考,增强自信和持续阅读的动力;听到自己不熟悉的内容,大家可以互通有无,增加认识和阅历。因此,阅读分享不仅让你在边看边想边说中慢慢进步,而且是培养倾听,引发情感交流,触发新思考的又一个起点,更是获得品格发展的重要途径。比如,在伙伴阅读《夏洛的网》一书时,组长不再像以前那样"大包大揽",每个成员都清楚地认识到自己应该承担的责任和义务。在过程中,大家对夏洛这一角色的评价不一,不少学生都能有理有据地说出自己的观点,勇敢表达;有的学生能耐心倾听他人想法,但并不盲目跟从,坚定自己的看法,也有学生在思考后选择了改变自己的想法。有的伙伴们还自发开展了阅读分享会,每晚分享自己的阅读照片和心得,或是朗诵一段读得特别有感触的文字,在与"志同道合"的阅读伙伴的快乐合作中感受读书是一件非常快乐的事情。为了进一步帮助孩子们开展有效的伙伴阅读,体会分享的快乐,童园实验小学的老师们给予了学生实践的舞台。

分享的瞬间

本周我们的阅读分享活动又开始了,五人一组,每次有一位同学主讲,在这个活动中我难忘明白道理的那一个个瞬间。

"今天我给大家推荐的是著名作家写的《不老泉》,从前有一口井,只要喝了里面的井水就能长生不老,永远停留在这个年纪,大家对长生不老有什么看法吗?"一个同学简单介绍完这本书后,又抛出了一个问题,让大家说说自己的观点,我心想:"长生不老,嗯,蛮好的,永远不会死,永远不会有病痛,永远不会有对死亡的恐惧,这谁会拒绝啊?"这时,有位同学回答:"我觉得长生不老一点儿也不好,如果一个人有了无止境的生命,那他就会觉得时间可以随便浪费,人生就没有意义了。"也有同学认为:"一个人的死去也正在换取新的生命,而且长生不老是不符合人类的发展规律的。"我恍然大悟:"永生并不代表永恒的幸福啊,如果我爱和爱我的人一次次离开我,如果我永远品尝不到人生百般滋味,那人生真的没有意义，有死亡才有新生。"

阅读分享活动真是让我长了见识，明白了许多道理。其实一开始我心里有点排斥这个活动，觉得每次分享要准备特别麻烦，可现在反而希望每天都能有这样的活动，难忘这一个个让我明白道理的瞬间。

难忘的那一瞬间

阅读分享活动照旧进行着，小伙伴在分享过程中所激发的精彩瞬间历历在目，令我难以忘怀。

那晚主讲同学分享的是《这就是中国》。起初，我对这本书并没什么深入了解的兴趣，以为就是歌颂一下祖国日新月异的发展，但随着同学的细细道来，我和小伙伴们都被深深吸引。书中讲述了新中国成立后发生的翻天覆地、振奋人心的变化。我惊讶地知道，原来新中国成立初的中国，我们的首都北京都比不上非洲国家的一些城市；现在，我们的首都北京早已今非昔比，在全球都令人瞩目。当我听到孟晚舟事件、华为事件所受到的不公正待遇，美国的野蛮和不讲理令我感到格外愤怒，那一刻我都冲动得想去国际法庭争个是非曲直。新中国成立以来，我们的国家从没停下奋进的脚步，从中美工资的变化曲线我们就可以看出，中国人的可支配收入在一直增加，而美国却止步不前。我国不仅"量"升，更在"质"增，许多领域实现了从中国制造到中国创造的华丽转身。同学的分享让全组成员的脸上都不由自主地露出骄傲、明媚的笑容，那一刻我们没有了争论、没有了打岔，情到深处我们纷纷鼓起掌来。那个瞬间我们的心连在了一起，我们为祖国感到由衷的自豪。

我庆幸这位同学选了一本好书，在分享的过程中让我们产生深深的共鸣，它不但唤起我们浓浓的爱国心，也唤起我们作为中国少年的雄心壮志，那个瞬间一直激荡在我的心中。

云分享的改变

因为疫情的原因，云上阅读分享活动开始了：每天一个人主讲，分享书中他觉得精彩的部分。这周三主讲的人，是我。

周三的早晨，我刚到学校就把我要分享的书——《不老泉》拿了出来，准备晚上的分享。我有些紧张，又有些激动，说实话，我真害怕问大家问题时没人举手发言……那得多尴尬啊！我要好好准备！

虽然屋里比较凉，可我的手已搓出了汗。终于，大家都到了，我尽量把书拿稳，调好镜头，面带笑容地给大家介绍。现在进展很顺哦！我开始放下了心。不过没多一会儿，我就开始紧张了，因为我要抛出一个问题了！我表面上看着轻松、愉快，可心都快到嗓子眼儿啦。没办法，豁出去了！"这就是男主人塔克对长生不老的观点，大家一定对它有了新的了解，大家可以说一说吗？"我满怀期待地望着屏幕，巴不得穿到每个人的家里把他们的手都抬起来。

但是，在那一瞬间我发现自己想错了，因为大家都不约而同地把手唰唰举起，似乎还急着让我叫他们呢。我绽开了笑容，甚至都没理会一旁不停对着我和屏幕用着手机录像的爸爸。我依次点了他们的名字，他们的回答都很不错！

"我的分享结束了，谢谢大家哦！"我长舒了一口气。自己讲果然和听别人说不一样。"好啦，结束了，聊天的时候到喽！"我们鼓起掌来。

阅读分享活动让我深深体会到：读了，就必须思考；思考了，就必须用口头语言或书面文字表达出来。这是每次阅读时都该做的事。要与作者对话，作者写这篇文章（这本书）的目的是什么，想告诉我们什么，这些问题在阅读时都该认真思考。我很喜欢这样的阅读活动，我感觉我正在慢慢长大！

（三）亲 子 阅 读

亲子阅读，一个分享快乐、放大快乐的读书游戏。父母和孩子的思想在这里交流，得以阅读与分享。父母和孩子捧书阅读，洋溢在心头的或许是一样的感悟，或许是一份关怀，更或许是对孩子品格发展的推动。

亲子阅读，又称"亲子共读"，就是以书为媒，以阅读为纽带，让孩子和家长共同分享多种形式的阅读过程，在学生课外阅读当中起到重要的作用。通过共读，父母与孩子共同学习，一同成长；通过共读，为父母与孩子创造了沟通交流的机会，分享读书的感动和乐趣；通过共读，可以带给孩子爱心、智慧、希望、勇气、热情和信心。

1. 以沟通为桥梁

亲子阅读，是一种家长陪同孩子一起进行的阅读。家长在陪伴孩子阅读或者共同阅读的过程中，对孩子进行一定程度上的帮助和指导，让孩子在这个过程中积极地与家长交流，勇敢地说出自己的想法，从而有助于家长和孩子之间形成良好的沟通桥梁。在品格培养的过程中，家庭是推动学生品格发展的重要舞台。亲子阅读作为维系亲子关系、推动家庭成员间的关怀、体悟家庭温暖、收获思想成长的家庭实践活动，在助力学生形成能力、锤炼品格方面有着较高的价值。

为了让亲子阅读的开展更有效，家校之间的及时沟通便成了促动家庭阅读活动正常有效开展的助力剂。比如，教师定时在微信群中向家长传递相关的读书信息，告诉家长年级最近阅读排行榜上的书：《豆蔻镇的居民和强盗》《一年级大个子二年级小个子》《吹小号的天鹅》……建议他们可以事先了解书目内容,再针对孩子近期存在的点滴问题,如激发进取心、优化性格特点、美德教育等内容选择适合自己孩子的书进行重点阅读。在家长事先阅读的过程中,教师进一步提供亲子共读的指导方法,如注意变换故事长度与深度,挑选重点章节设计积累、提问环节来帮助孩子提高阅读质量,明了文章主旨等。让家长从无从下手到有章可循,切实提升亲子阅读活动的质量,有针对性地实现从阅读中获得教育。

家长们自身能力也有参差,过程中教师也从旁关注着孩子们阅读的情况如何,随时告诉家长哪些书可以购买给孩子看,哪些书适合家长与孩子共读,并向他们推荐学习亲子阅读方面的书籍,鼓励家长开展一些亲子阅读方法的小范围探讨,在互相沟通学习中不断加深对这一阅读方式的认知和认同。

渐渐地,家长对孩子的阅读就会重视起来,尝到了亲子阅读的甜头。有位家长在亲子阅读卡上写道:"亲子阅读卡带来的亲子共读在不知不觉之中,在我们和孩子之间建立起了一座沟通的桥梁,把彼此的心紧紧联系在一起,彼此了解,彼此信任,让我们享受到无穷的乐趣。"是呀!亲子阅读打开了家长们了解孩子内心世界的一扇窗户,让家长和孩子共同享受到了读书的快乐,感受到了优秀文学作品的魅力,体验到了收获和感动。

小学生阅读能力的培养和品格的形成,家长有着义不容辞的责任。家长可以通过多种方式鼓励孩子在陪伴中慢慢走向独立阅读,而亲子共读正是培养孩子独立阅读能力的良好方式之一。亲子共读,不仅仅是一种阅读活动,同样也是一种家长和孩子之间沟通交流的方式。通过彼此之间的交流,家长可以让孩子明白许多原本只有说教才会告诉的道理。这样的交流方式让家长的"说教"在适切的情境中发生,在适切的内容中渗透,过程中,得到收获和成长的不仅仅是孩子,也包括家长。

2. 在视听中共赏

亲子阅读的媒介可以更宽泛,不仅仅可以阅读纸质书籍,还可以增加"听"的机会。在互动共"听"中,在引领深化中,逐步建立更融洽的亲子关系,逐渐引导孩子的认知向更趋成熟的方向发展。

例如有个家庭,此前,由于住的地方离学校较远,每天送孩子上学的路上差不多就要花费一个小时。如何"变废为宝",不浪费宝贵的时间? 经过商量,大家认为听书是最好的方式。

三年的路途,大人和孩子一起听了《史记》《三国演义》《三十六计》等诸多偏历史方面的书籍,一起领略了经典书籍中的故事传奇与文字之美。

历史虽然有很多的巧合,然而又要看到其背后的必然性。如听《史记》,刘邦为何能从一名小亭长最后战胜项羽、成为一代帝王? 其中有历史机遇、有个人性格、有用人与管理之道。"鸿门宴""四面楚歌""霸王别姬"等故事就道出了项羽的性格弱点,也就决定了其最后的命运。

如今很多历史故事都是戏说。在听故事过程,如果能再交流历史人物的真实面目,从中了解戏说与真实历史之间的差异,那就更好了。如《三国演义》书中的基调是贬曹赞刘,那为何曹操最终能初步奠定统一中国北方的局面? 小说与真实的历史其实并不完全是一回事,真正的曹操在选贤任能、胸襟与眼光等多方面其实是远胜于刘备。他们一起从曹操的诗词中去寻找他的雄才大略与求贤若渴,"日月之行,若出其中;星汉灿烂,若出其里""周公吐哺、天下归心"。

他们还一起共听《论语》。孔子为何能被后人奉为圣人? 大道至简、大象无形、大音希声。在交流中,家长点拨孩子,"天下至理与好的文章从来不一定是千言万语"，往往简单的几个字或一句话就能讲清为政、为人、为事的真谛。所以写文章不是怕写不长，如何能让长文变短，实非易事。

天下之书，浩如烟海，要读经典。书中自有黄金屋，书中自有颜如玉，但尽信书不如无书。

这是一个家长和孩子的听书历程。对于高年段的孩子来说，和阅读纸质书相比，听书的受欢迎程度相对低一些。究其原因，许多家长认为听书只是听，看不到书中的文字，不认为其是真正的阅读。当然，阅读的主要途径还是翻阅纸质书籍。但是，听书也是阅读的一种方式。和阅读纸质书籍相比，听书类的阅读有如下几个优势：一是实现了家庭成员同时间的共享阅读，大家阅读的进度是一致的，便于及时交流沟通；二是交流分享的发生可以是随时随地的，可以直接就听到的某一个观点发表自己的看法和见解，突破了时空限制的壁垒；三是声音的画面建构也为这一类型的阅读提供了乐趣。因此，在视听共赏中，家庭成员间的互动引导，引发了家庭关系的和谐，促进了孩子思想的成长。

3. 以个性为抓手

每一个父母和孩子都有自己的偏好，即自己感兴趣的阅读方向。遵从阅读个性，在"偏好"的引领下，指向更为深入的亲子阅读开展，拓宽亲子阅读发生的边界、厚度，在阅读内容、形式等方面伸展，促动认知、眼界、格局、思维的全面提升。结合童园实验小学的实践经验，分享三个比较有代表性的例子。

旅行中的亲子阅读

为了给假期万里行积累素材，也因为自己的兴趣使然，我的亲子旅行基本都与阅读有关。阅读让我和孩子产生对某个地方的兴趣,在动身之前往往要阅读多本有关目的地的书籍。这些书讲述的大多是当地的历史背景、风土人情、特色美食,而不光是景点介绍。比如去吴哥窟之前我阅读了周达观的《真腊风土记》、蒋勋的《吴哥之美》、蒋彬的《沉睡四百年》、孤独星球的《柬埔寨》,给孩子阅读了《吴哥窟探秘》《古文明探秘——吴哥窟历险记》,所以出行前我们就对这个目的地有很多共同的话题,对于宗教发展历程、建筑形式、环境变迁和风土人情等问题也做了功课。到达目的地之后,我们就自然变成了彼此的导游,孩子知道的地方让她给我讲解,我知道的地方我给她讲,都感兴趣却不了解的地方再去问导游,一路上导游都很惊叹我们对吴哥窟和印度教相关知识的了解程度。这无疑给旅程增添了很多乐趣,也有了更大的收获。在准备去西班牙之前我计划阅读《高迪传——一个生命的传奇》《堂吉诃德》《西班牙(昨日帝国)》《不可不知的西班牙》《西班牙旅行笔记》,并且跟孩子一起阅读《自然之子——西班牙建筑大师高迪的一生》《斗牛士西班牙》《阿斯特克斯在西班牙》等。

这种看似"落后"的获取信息的方式,往往能够提供一些意想不到的旅游深度。所谓"书呆子"也有书呆子的快乐。在独自一人的东北行中,我会因为旅行前的阅读特意去老虎厅感受一下张学良"枪毙杨常"的惊心动魄,去小楼里寻找赵一获默默注视张学良办公室的痴情,去花园里感受一下于凤至的寂寞。在去西班牙和葡萄牙前,孩子就已经知道了达·伽马、女斗牛士、变色鸡、风车村等。

传承中的亲子阅读

在众多书籍中,女儿对古文有着自己的偏爱,现在想来,可能是缘于我们对古文的喜爱对她起到了潜移默化的影响。儿时,《声律启蒙》

和《笠翁对韵》，其音韵铿锵、话语简单，像"半溪流水绿，千树落花红"，读起来朗朗上口，闭上眼又句句入画，妙不可言。从单字对到双字对、三字对、五字对再到七字对，常常你一句、我一句接龙玩；有时我和她爸爸还会假装想不起来、对不上了，女儿就特别有成就感地抢着说，觉得自己比我们大人都厉害，其乐融融，除了能感受汉语之优美，也在潜移默化中了解到很多历史与文化知识。后来，有一次机会，女儿听到了《诗经·蒹葭》的吟唱，立刻被那优美的韵律所吸引，反复聆听，我们一同跟唱，很快就一起背了出来，闲时还会哼上几句。以前总觉得《诗经》里多生僻字，艰涩难懂，现在发现吟唱是阅读很好的补充。今年国庆，一家人来到吴淞炮台湾公园，江边有大片大片茂密的芦苇，滔滔江水中礁石依稀隐现，望而不得，女儿很应景地诵起"蒹葭苍苍，白露为霜。所谓伊人，在水一方。溯洄从之，道阻且长。溯游从之，宛在水中央……"夕阳西下的满目芦苇和茫茫江水倍添婉约和凄美。我想随着年岁的增长，喜欢古文的好处不仅会体现在语文学习上，对个人的文化修养也大有裨益。

共趣中的亲子阅读

今年春天，我们来到了公园"蓬莱三岛"附近的湖边，眼尖的辰辰看到一只衔着树枝飞向岛上某棵树的大鸟，这是他首次观察到鸟类筑巢行为，他激动得连忙举起手机拍了一张照片，还写进了作文里。我们发现岛上除了许多大鸟，还有鸭子准备筑巢，繁育后代。

辰辰从此爱上了这三座岛。为了看鸭子看大鸟，不怕春寒，不睡懒觉，双休日老早就去公园报到，公园的鸟儿为他贡献了不少作文素材。我翻出了几年前申领的一本书《上海水鸟》，通过对比照片，我和辰辰确定了公园岛上的大鸟叫夜鹭，鸭子叫斑嘴鸭。

接着我们开始懵懂地看起鸟来，休息天拽上爱宅家的辰爸逛公园成了我家的双休固定节目。

有一天辰辰看到草地上有一只黑色的鸟时而低头找什么时而抬起头警觉地观察四周，他问我们这是不是乌鸦。他爸说是八哥，我说像乌鸦，一家三口热闹地争辩起来。

回家后我郑重其事地买了一本《观鸟手册》，带去公园再仔细观察，终于确认了，这只黑色的鸟儿名叫乌鸫。看来，看鸟得讲究方法，得讲科学。我又一口气买了好几本书。《追寻鸟的美丽——观鸟人手记》是一对夫妇多年来利用业余时间野外观鸟后编写的。这本书除了介绍鸟类知识外，还教读者一些观鸟的方法，这是我们读的第一本关于鸟类的科普读物。我们读完后知道了什么是观鸟，学习到观鸟的规则，得在大自然中不影响鸟类活动的前提下，借助望远镜、照相机等工具，寻找和认识鸟儿，欣赏鸟的自然美和有趣的行为，了解鸟类与环境及人类的关系。使得我对观鸟这件事有了敬畏之心，我得尊重鸟儿们，不影响它们啊。辰辰最大的改变是再也不带白馒头去喂公园的鸭和黑水鸡了。他知道这样做是害了它们，会让它们越来越依赖人类，失去野性。

《身边鸟趣》收录了上海及周边地区代表性野生鸟类。介绍它们的分类、形态、行为及与人类的密切关系。辰辰最爱读这本书，既贴近自然又贴近生活，从中学习到各种新鲜名词，什么生态位、占区、嗉囊、生态廊道等。这本书里的许多照片都有作者署名，我们都很佩服美慕他们，能拍出这么精彩生动的鸟类照片。于是我翻出了"雪藏"近十年的微单，学起了摄影，等我入门了，我咬牙买了单反相机，把老微单给了辰辰，母子俩一起学摄影，辰爸帮忙找鸟，选景。一家人同时又走向了摄影爱好者的道路。有趣的是，前不久，辰辰投稿参加评选上海十大鸟明星的活动，被评选上了优秀稿件，奖品之一就是一本《身边鸟趣》。

除了鸟类书籍,辰辰对自然科学类的杂志书籍也产生了兴趣,喜欢看植物动物的文章。他也很乐意将各种知识与人分享。前几周在公园,一位妈妈指着小鸊鷉让女儿看小野鸭,辰辰告诉她们这是小鸊鷉,不是小野鸭,小野鸭五六月才会有呢。还有个爸爸指着二球悬铃木对女儿说这是法国梧桐,你看叶子像不像手掌啊?辰辰忍不住上前告诉他,梧桐的果实有1~3个,而这是两个,这叫二球悬铃木。法国梧桐是悬铃木的其中一种。看着他们感谢的笑容,辰辰笑得特别自豪和满足。在一旁的我们也很自豪与欣慰。

最近我在读一本《从野性到感性——山鹰观鸟记》,我非常赞成作者说的一句话:观鸟就是观环境,观鸟就是观人生。通过阅读,通过观鸟,使得我们不仅仅爱自然,也爱生活,爱思考。

当亲子阅读的外延被无限放大后,在"个性"张扬的阅读过程中,我们可以真切地感受到这一环境及目标的变化给阅读者带来的帮助,孩子在环境的浸润中,在父母恳切的引导中,在家庭榜样的激励中,所获得的是指向精神成长的改变。

4. 在激励中进步

淡淡清风送来缕缕书香,阵阵掌声伴随甜甜童年。亲子阅读让孩子们遨游书海,与名家对话;呼吸书香,与经典为友;使他们在"游戏"的快乐、自由与兴奋中不知不觉地完成一次课外阅读的嬗变;使他们感受到阅读书籍无穷的魅力,促使阅读的行为与热情向更深层次发展;逐渐稳固形成习惯,真正达到让学生热爱阅读的目的。

在童园实验小学,亲子阅读活动一直进行着。最近,二年级的孩子们几周的亲子阅读活动实施下来,教师们深深感觉到亲子阅读就像给孩子们注入了一种神奇的活力,快乐的情绪令他们欣然接受每天的阅读。每当周一将他们的亲子阅读卡收上来时，不难发现有的学生是回家与爸爸妈妈一起读，边读边思考，圈画书中感兴趣的地方，写下与家长共同研读的心得；有的学生是独立思考，家长从旁起到适当的"搀扶"作用，虽见解稚嫩，但也独到；还有的是两段式层次渐进的心得体会，第一段孩子层面的感想语言质朴浅显，第二段父母层面的感受则深刻地表述出了人生真谛。不管何种表达形式，确确实实体现了"亲子共读"这一概念。

每周阅读课上，老师们还会抽出一定的时间将优秀的亲子共读卡进行展示，让学生们切身体会优秀之处。课堂上学生的学习时间毕竟有限，课后，还把优秀的亲子共读卡及时展示在教室板面上，供大家阅览学习。

这一系列的评价激励机制实施后，让人高兴的是孩子们自行提高了课外阅读的频率，主动增加了课外阅读的时间，为迎接激励评价而准备高质量的读书见解。同时，老师也发现孩子们之间的"攀比之风"盛行起来，但这不是攀比吃喝穿，而是在比谁的阅读卡上得到的章数多，谁的阅读卡写得工整，谁有独特的读书见解，谁更会思考，谁更爱读书。

这时候不再是老师要求他们如何如何地阅读，反而变成他们主动要如何如何地阅读了。这全是因为亲子阅读的介入，正引领孩子逐渐走上乐读之路。正如一名学生在亲子阅读卡上写道：

与爸爸妈妈一起阅读，
阅读的不只是书，
还有书中那讲不完的故事，
从《虎王阿里》到《芒果街上的小屋》，
动人的故事走了一程又一程。

亲子阅读让我们有了共同的话题，

亲子阅读燃起了我们阅读的热情。

听着同学们谈论的故事，

心中迫切地想知道，

什么时候它会来到我的手里。

我们体会着学习的快乐，

我们感受着阅读的喜悦。

亲子阅读可以帮助孩子树立远大的理想，熏陶优秀的品质，阅读课外书也能让孩子达到修身养性的效果。带有鼓励性质的评价会让孩子更爱阅读，因为从评价中告诉他们："这是你们自己智慧的结晶，也是你们热爱读书、善于思考的见证。"孩子们从书中吸取人类所累积下来的经验与智慧，学到如何判断是非好坏与做人的基本道理，从而开启自己的内心世界，升华自己的人格，达到"此时无声胜有声"的效果。

后　记

　　《阅读与品格》的出版,可以说缘于一个特别有价值的项目。2020年,上海市教委民办教育处组织的上海市民办中小学优秀中青年教师团队项目为教师的专业发展提供了一个非常有效的助力平台。本书所呈现的内容都来自项目实践过程中的所思与实践。

　　阅读是可以陪伴终身的一种学习方式。我们也希望品格会随着阅读能力的提升、阅读思考的深入而发生一定的改变,达成知与行的统一。《阅读与品格》一书试图通过对两者之间关系的阐述,给读者提供最直观有效的启发和帮助,同时更期盼在出版后能获得社会各界的宝贵建议。

　　在本书撰写的过程中,得到了多方专家的指导,也得到了项目组成员的大力支持,在此对大家的付出表示诚挚的谢意。